生涯学習と評価

住民自治の主体形成をめざして

新田 照夫

大学教育出版

はじめに

　本書は『六・三制と大学改革－日米比較研究－』（大学教育出版、1994 年 3 月、194 頁）と『大衆的大学と地域経済－日米比較研究－』（大学教育出版、1998 年 11 月、406 頁）に続く著書であり、これで三部作が揃うことになる。

　『六・三制と大学改革』は戦後六・三制教育改革論が後へ後へと残してきた「学力」問題について、特にその核心部分である「認識→思考→表現」のうち、「認識→思考」までについて考察した。その中で、客観的実在を認識する際に、以下の 4 つの原則があることを明らかにし、認識者（＝主体）の権利を主張した。

> ① 認識は客観的実在なくしては存在しない。
> ② 認識は総体としての客観的実在からの支配を受けるが、それを価値評価（＝認識）する際に、認識者は客観的実在から自由な独自の世界を創造することができる。
> ③ 普遍的価値の体系は客観的実在の中に（価値物）として実在するのではなく、認識者の認識の中に存在する。すなわち、価値評価の決定権はあくまでも認識者にあり、価値の体系というものは認識者が認識の世界の中で創造していくものであること、さらに認識とは「価値付けをすることができる認識者の主体形成の過程」としてとらえるべきである。
> ④ 認識者が客観的実在にはたらきかける、すなわち、「客観的実在を変革」していく場合、その対象は総体としての客観的実在ではなくて、認識者の価値観によって特定された「部分としての実在」で

> ある。客観的実在から認識者への、最初の「（総体としての）作用」と、認識者から実在への、変革のための「（部分としての）作用」は次元の異なるものであり、混同してはいけない。

　以上に示す４つの原則は「自分の目の前にある実在や現象は同一のものでも見る人（の価値観）によってなぜ異なって見えるのか」そして「人は最初からすべてを認識しているのではなく、部分を見ているのであり、様々な学習や経験を積み上げることによって今まで見えてこなかったものがさらに見えるようになってくること」について考察し、定義づけをしたものである。これまでの認識論ではともすれば客観的実在からの支配を絶対化したり、逆に認識者の主観を絶対化して客観的実在を否定してしまうなど「何をどう見るのか」という点について混乱があったように思われる。こうした混乱がややもすると学習者（＝認識者）の主体性を軽視ないし否定し、特定の知識や価値観（＝客観的実在）を「教育」と称して注入してしまう傾向を学校教育の中で作ってしまう傾向があったのではなかろうか。

　『六・三制と大学改革』では「価値の体系は客観的実在の中にあるのではなく、認識者の認識の中に存在する」と定義し、価値評価の決定権はあくまでも認識者にあることを擁護した。こうした認識論に立つことにより初めて「人は何を見、理解することができるのか」という点において、外部からの不当な支配から自らを解放することができるのである。

　次に研究全体としては「学力」論の「思考→表現」の部分を解明する予定であったが、「客観的実在」すなわち、教材（教育素材）として準備されるべき知識などをどのように定義すべきか、特に「社会教育・生涯学習」にとって「現代的課題」や「地域的課題」というものが学習課題として重視されてくるが、それらをどのようにとらえるべきであるか、という点の解明が不十分であったことから『大衆的大学と地域経済』ではそこを重視した。

　まず「現代的課題」や「地域的課題」といった客観的実在を認識する際、認

識者は実在の中の何に対して「価値」を見いだすのか、そしてその価値をどのように「評価」するのか、という点について考察した。すなわち、客観的実在が内包する「価値」というものは「価値物」という「物」として実在するのではなく[1]、認識者が「関係性の中で創造するもの」として理解する必要があり、そのためにサービス労働論における価値学説に依拠しつつ、こうした必ずしも「形として現れない価値」について論証を試みた[2]。そしてこの研究は「まちづくり」の中で「何をつくるのか」という課題に対して「"地域の関係性"という価値を創造する」という論理を導き、今日の地域活性化の根拠を示すことに貢献した。

本書『生涯学習と評価―住民自治の主体形成をめざして―』は「関係性の中で創造する価値」として「社会的規範価値」の存在を明らかにし、「それがどのような構造を有しているか」ということと、その社会的規範価値を土台にして「公共性の中身がどのように現れているか」ということを明らかにしょうとした。この研究は「何を持って主体形成を遂げたと言えるのか」あるいは「何を持って自己実現を遂げたと言えるのか」という社会教育や生涯学習にとって重要な課題の解明に1つの視点を提供するものである。こうした基礎研究に基づいて、最終的に学習主体者自身の学習を「評価」し、その成果を「表現」するための論理を明らかにすることを試みた。

2006年7月

著　者

注
1) しかしこれは客観的実在を否定する相対主義や主観的認識論に陥るものではない。
2) 「価値」というものは「労働がどのような性質のものであるか」というその属性によって、生み出される価値の内容が変化し、静止的・固定的・絶対的価値というものは客観的実在としての自然素材や労働手段の中には存在しない、とマルクスは述べている（マルクス著『資

本論、第 1 巻、第 1 分冊、不変資本と可変資本』邦訳、大月書店、1979 年 261 〜 275 頁、マルクス、同、労働過程と価値増殖過程、邦訳、大月書店、1979 年 234 〜 235 頁）。

　「価値」というものは「物」として実在するのではなく、社会の関係性の中で発現するものである、とするマルクスの価値学説は、サービス労働が生産する「形として現れない価値」を評価する際に有効な論理を提供するものである。

生涯学習と評価
―住民自治の主体形成をめざして―

目　次

はじめに ……………………………………………………………… *1*

序　章 ……………………………………………………………… *9*

第1章　住民自治の創造と生涯学習 ……………………………… *16*
　　第1節　我が国における生涯学習政策の歴史と課題　*16*
　　　　⑴　「公教育制度全般を再編成する理念」としての生涯学習　*16*
　　　　⑵　「社会教育の歴史的理解」としての生涯学習　*24*
　　　　⑶　「国家による社会教育・生涯学習事業の内容および制度の掌握過程」
　　　　　　としての社会教育法改正　*27*
　　　　⑷　社会教育法改正の過程で見えてくる地域住民側の課題　*32*
　　第2節　地域サービスとしての生きがい学習から住民自治を創造する生涯学
　　　　　習へ　*35*
　　　　⑴　「社会関係」という「物や形として現れない価値」を生産する「地域
　　　　　　づくり・まちづくり」と住民の学習　*36*
　　　　⑵　「一つの大きな社会的力」としての第三次産業社会からの教育的要請
　　　　　　41

第2章　新たな公共性の創造と生涯学習 ………………………… *47*
　　第1節　社会的規範価値の日本的構造　*47*
　　　　⑴　「個」と「社会的規範価値」　*47*
　　　　⑵　「社会的規範価値」の歴史的変遷　*49*
　　　　⑶　「個と社会的規範価値」の日本と欧米との比較　*52*
　　第2節　国家に直接結びつく「公」概念の希薄化と「新たな公共」空間の登
　　　　　場　*57*
　　　　⑴　規格・基準行政からの解放と社会教育を通した新しい公共性の広が
　　　　　　り　*58*

(2) 採算性や経済効率性では対応が難しい生活領域に対応する新しい住民自治の広がりと社会教育——求められる、古い共同体性に癒着する権威主義的社会規範からの解放　*62*

　　(3) 公共性をめぐる欧米の学説から導き出される「新しい公共性」　*65*

第3章　主体形成と学習の評価 …………………………… *73*

　第1節　主体形成と学習　*73*

　　(1) 自他の出会う公共空間としての学びの場　*73*

　　(2) 「学び」と「公共性」　*75*

　　(3) 「公共財としての学び」の事例——お店屋さんが先生です（大村市中心市街地商店街）　*77*

　第2節　学習と評価　*88*

　　(1) 講座評価とは何か、どうして今必要なのか　*88*

　　(2) 生涯学習講座を成功させる鍵としての受講生の情意面の講座評価　*90*

おわりに ……………………………………………………… *103*

索引 …………………………………………………………… *109*

序　章

　日本における生涯学習政策の歴史を概観するならば、第二次産業社会から第三次産業社会へと産業構造が転換していく中で、戦後の公教育制度[1]が、管理主義と経済効率主義を基調とする「大企業型第二次産業社会」への対応から「個性化と公共性を前提とした流動性」[2]を基調とする「サービス業型第三次産業社会」への対応が困難になり、学校教育と社会教育ともに内部から崩壊の危機に直面している現状を垣間見ることができるであろう[3]。

　例えば、戦後日本の公教育制度は進学率の高まりによって教育における機会均等を拡大してきた歴史、と見ることもできようが、「教育内容あるいは学力のあり方」という視点から見るならば、「大企業型第二次産業社会を主として代表する国家」に子どもや青年達が取り込まれていく過程でもあった、と解釈することもできないことではない[4]。すなわち「国家と学校教育[5]」の関係を一貫して強化・拡大してきた歴史と言うことができるのではなかろうか。中等教育への進学率がそう高くなかった1950年代前後においては[6]、地域社会[7]の機能としての青年期教育がまだ生きていて、中等教育の機会にあずからない青年を対象とする「学校教育の補完あるいは代替[8]」としての公民館活動[9]や青年団活動などがあった。しかし1960年代以降、「大企業型第二次産業社会」が成熟するにともない、中等教育への進学率も高まり[10]、公民館など社会教育の場における青年期教育の機能は次第に消失していった。また「大企業型第二次産業社会」が農村型共同体を崩壊していく中で、農村型共同体を基盤としてきた公民館の様々な社会教育的機能は脆弱化し、青年団・婦人会などの関

係団体も活動を次第に弱めていった。[11]

こうして今日では、社会教育は高齢化社会・余暇社会の進展にともなう、高齢者・主婦層を中心とした「生産活動と直接結びつかない福利・厚生的地域サービス[12]」として機能するようになってきた。これを「大企業型第二次産業社会」の視点から見るならば、「日本的社会規範に適合する教養の学習」という日本の農村型共同体的社会規範[13]をうまく利用した、「大企業型第二次産業社会」を地域社会から担うものとしての社会教育という規定ができよう[14]。

以下に示す図は長崎県の市町村公民館が主催する講座内容の概要を、都市部と農村部に分けて示したものである。同図によれば、長崎県は都市部と農村部ともに「災害・防災」「環境」「地域の活性化」「情報化」「高学歴化」「少子・高齢化」「地域子育て」などといった地域社会の変化に対応した講座を十分提供していないのではないかと思われる。生涯学習審議会答申（平成10年）の指摘にもあるように、「社会の変化に対応した今後の社会教育行政の在り方」において、特に「現行の自治体社会教育プログラムに対して、国民の学習要求の多様化と高度化に対応する生涯学習への転換とそれを推進する教育行政全体の改革」が長崎県にも求められているように思われる[15]。

【公民館主催講座：長崎県内都市部】　【公民館主催講座：長崎県内農村部】

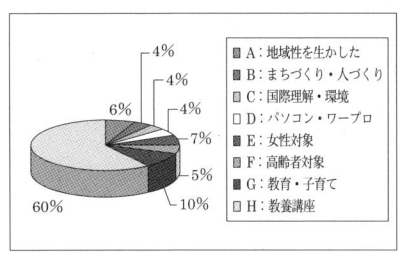 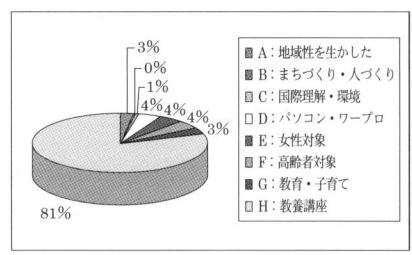

図序-1　長崎県における公民館主催講座の現状

他方、学校は「大企業型第二次産業社会」に対応した効率主義的管理社会への準備教育あるいは狭義の専門的職業技術訓練の場へと次第に傾斜していった[16]。しかし1990年代に入って、こうした「大企業型第二次産業社会」の即

戦力としての人材を育成してきた学校教育に対して、これを転換させる教育改革案が、産業界あるいは経済界から相次いで出されてきた[17]。その多くはこれからの時代に求められる「個人として自立できる力（＝個性）」と「他との関係を形成する力（＝公共性）」を学校教育が十分育成できない現状を指摘し、「大学を含めた学校教育全体の生涯学習化」および「社会教育の生涯学習化」として公教育全体を新たに再編成しようとするものである[18]。現代社会において国家がこうした改革を、やや強引とも言えるほどのやりかたで急ぐ背景には、公教育が「大企業型第二次産業社会」の管理主義と経済効率主義に対応して再編成されていく中で、「画一性と硬直性」が公教育全体に浸透し、「個性化・公共性・流動を基調とする第三次産業社会」への対応が困難になってきていること、そして、「大企業型第二次産業社会」の基盤となってきた農村型共同体の崩壊が進み、共同体内部の管理主義的性格が「大企業型第二次産業社会」の中枢管理部門と癒着してきた構造を断ち切らなくてはならなくなってきていることなどをあげることができよう[19]。

このように現代社会は、第三次産業社会への転換にともなう普遍的課題が国家にも個々の地域住民にも共通して突きつけられ、国家も地域住民もそれぞれが独自の論理にしたがって、ますます利害の対立と緊張関係を深めながらこうした危機を乗り越えなくてはならない時代であると言えるかもしれない。

これを大学生涯学習の場面で考えるならば、「大企業型第二次産業社会」の中で定着し、今日では崩壊しつつある日本型企業経営と労働力政策の伝統が、「学習時間の確保が困難」「職場の理解が得られない」という風紀を生み、大学の正規課程で学びたいと考えている社会人学生の存在を難しくしているという事例をあげることができよう。日本の学校教育は進学率の高まりにともない、ほぼすべての就業前青年を地域から切り離し、国家に囲い込むための重要な役割果たしてきたように思われる。また社会教育は、日本的農村型共同体の風土の中で「生きがい学習」として整備され、諸外国の成人教育に一般的に見られる「人間として、市民性としての（リベラルな）教養教育」という要素は学習

内容から慎重に排除されてきたように思われる[20]。社会教育のこうした風紀は大学生涯学習ですら垣間見ることができ、現代社会の課題に対して対応が困難な状況が見られる。たとえば、以下の3点をあげることができよう[21]。

> ① 「大企業型第二次産業社会」が抱える今日的問題として、「すぐ効果が期待できない事業や総合的計画が求められる事業への対応が困難である」という点は大学経営においても見られる。大学生涯学習という事業はその典型であり、大学内での位置づけがいまだ明確になっているとは言い難い状況にある。中には、科学技術開発のための「大学－企業」連携を重視し、生涯学習を大学の機能から切り捨て、あるいは廃止した大学すら現れつつある。大学の社会的基盤を企業にのみ求めようとする傾向だと言えよう。
> ② また大学公開講座が「地域サービス」としてしか位置づけられず、大学を社会人の学習機会として積極的に開放する「ユニバーサルアクセス（Universal Access）」が大学の使命の中にきちんと位置づけられていない。言い換えるならば、大学を単に開放すればそれで地域貢献になるのではなく、きちんとした大学生涯学習の論理にしたがって、教育的に開放しなくては社会にとっては意味の薄い大学開放になってしまうということである。
> ③ 大学生涯学習の論理が欠如している点は、大学公開講座などの大学開放事業が「大学の教育・研究とは無縁の雑務」という認識として大学教職員の中に広くはびこる要因にもなっている。

　産業構造の大きな転換期にあって、この転換にうまく対応できない大学と、対応を始めつつある大学に二極分化しつつある今日、「高等教育としての生涯学習」という概念を明確にしていくことが求められている。本書では「地域サービスとしての大学開放事業（University Extension as Community Service）」から「高等教育としての生涯学習（Life-long learning as Higher Education）」という概念が提起されている。

　なお本書では社会教育と生涯学習をセットにした「社会教育・生涯学習」と

いう表現の仕方を文中で数多く用いている。これは社会教育と生涯学習を区別しないで用いているのではなく、むしろ「社会教育」を教育基本法・社会教育法に定める概念として、また「生涯学習」をこれらの法規を超えた一般行政法規とも関連する概念として区別した上で、まとめて「社会教育・生涯学習」という表現を用いていることを断っておきたい。

注
1) 学校教育と社会教育を含む。
2) これについては本書「第1章、「住民自治の創造と生涯学習」41〜42頁を参照いただきたい。
3) ここでは「第三次産業社会」を、サービス業などを中心とした「具体的物として現れない新しい価値＝社会的関係の中で現れてくる価値を生産する産業が中心となる社会」としてとらえられていて、第二次産業のように「具体的物として現れる価値を生産する産業」とは対照的にとらえられている。したがって、一般的には「第三次産業社会」と言うと、情報・メディア関係の大企業をイメージしがちであるが、ここではむしろ、商店街や地場産業などの経済活動も、広くは地域社会の諸関係の中で機能している生産的活動としてとらえ、第三次産業社会の中での生産的経済活動の範疇に含めている。こうした立場が「経済学的には意味をなさない」という議論もあるが（馬場雅昭『サービス経済論』同文館、1995年2月、169頁）、本書では「価値」概念をあくまでも社会関係の視点からとらえようとしている。詳しくは新田『大衆的大学と地域経済』大学教育出版、207〜210頁参照。
4) 坂元忠芳『現代教育思想批判』、99〜102頁。
5) 特に中等教育と高等教育。
6) 「就園率、進学率の推移」http://www.mext.go.j。→注10）グラフ参照。
7) その大部分は農村型共同体。
8) 宮原誠一「社会教育の発達形態」、『宮原誠一教育論集、第二巻、社会教育論』、15頁。
9) 宮原誠一、同上、93〜95頁。
10) 「就園率、進学率の推移」http://www.mext.go.jp/（次頁、図　就園率・進学率の推移参照）
11) しかしこういう認識が、決して社会教育の終焉を主張するものではなく（松下圭一『社会教育の終焉』筑摩書房1986年）、むしろ生涯学習政策として社会教育が新たに再編されようとしていることを看過してはならないであろう、これを「社会教育が重視されつつある」とみるか「社会教育が切り捨てられようとしている」と見るかは、「社会教育の新たな再編」の解釈あるいはそれの推進の主体によって異なってくる、これについては後に述べたい。

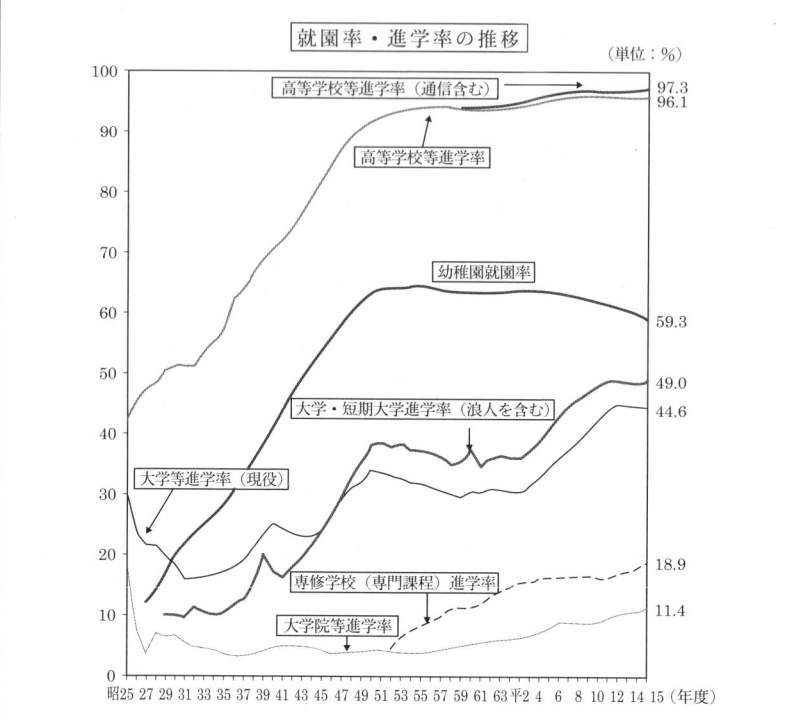

図　就園率・進学率の推移

12) 小川利夫「福祉教育と社会教育の間」、『小川利夫社会教育論集、第五巻、社会福祉と社会教育』292～308頁。
13) 新田照夫『大衆的大学と地域経済』188頁。
14) 長崎県教育庁生涯学習課「長崎県の生涯学習プログラム」平成12年9月、2～3頁。
15) 長崎県教育庁生涯学習課、同上。
16) 「期待される人間像」中央教育審議会　第20回答申（昭和41年10月31日）「後期中等教育の拡充整備について」。

序　章　*15*

17)　1990年代に財界・経済界から提案された学校改革に関する分析については、新田照夫『大衆的大学と地域経済』、146 〜 165 頁を参照いただきたい。
18)　1つの流れは、学校卒業後、新規に採用された青年の多くが、短期間のうちに転職を繰り返す傾向があることや、自分のライフスタイルに合ったパートタイム型の労働が拡大しつつあり、こうした多様な労働形態の広がりに対して、かつての日本型企業経営と言われてきた終身雇用制度や年功賃金制度などが対応し切れなくなってきていることなどがある。
19)　政府による一連の構造改革などがこれを示しているであろう。
20)　「長崎県の生涯学習プログラム」平成 12 年 9 月、同上。
21)　町井輝久「知識基盤社会における大学の生涯学習の在り方に関する日韓フォーラム」基調報告 2005 年 7 月 8 日〜 9 日、北海道大学高等教育機能開発総合センター。

第1章

住民自治の創造と生涯学習

第1節　我が国における生涯学習政策の歴史と課題

(1)　「公教育制度全般を再編成する理念」としての生涯学習

　戦後日本の社会教育法制は、憲法・教育基本法を軸とし、民主主義の重要な担い手を育成すべく教養教育を提供するものとして出発した[1]。このような、世界にも誇れる、すぐれた教育理念と制度として出発した戦後社会教育教育法制にもかかわらず戦後60年を経た今日、「いじめ、不登校、学級崩壊などに代表される学校の現状やそれに対する親の不安は深刻なものがあり[2]」とか「子どもはひ弱で欲望を押さえられず、子どもを育てるべき大人自身が、しっかりと地に足をつけて人生をみることなく、利己的な価値観や単純な正義感に陥り、時には虚構と現実を区別できなくなっている[3]」と指摘される状況に陥ってしまったのはなぜであろうか。教育改革国民会議は「長期の平和と物質的豊かさ」が日本社会の低落の原因だと言わんばかりの指摘であるが[4] 果たしてそうであろうか。

　戦後60年の社会教育・生涯学習政策を振り返るならば、戦後日本の公教育制度が「国家と学校教育」の関係を一貫して強化・拡大してき、その一環として社会教育法制の改編と生涯学習政策の整備が行われてきたことをまず問題にしなくてはならない。そして一方では公教育という公共領域のソフトの領域（教育内容あるいは学習内容の部分）にさらなる国家的統制を強めつつ、他方で

公教育の矛盾と混乱を是正するために、生涯学習政策が政策課題として急がれてきたことはほぼ間違いないのではなかろうか[5]。つまり日本では公教育という公共領域について国家が基準や規定を掌握し、国家の論理で一方的に整備したところに、今日の公教育の矛盾と混乱の原因があったのではないかということである。教育や福祉さらには環境といった生活行政は、国家が単独で実施できるものではない。生活主体者としての地域住民一人ひとりの参画なくしては、まず財政的に破綻してしまう領域である。また民間の側においても、国家の主張する「公共性」論に対抗するために、「国民の教育権」論の構築に主として力が注がれ、「住民自治に支えられる地域教育運動」と「教科書裁判に代表される教育内容の国家統制に対抗する論理」を統一的にとらえる論理、つまり住民自治の論理（地域論）を土台にした教育内容編成論や学力論を構築する点において、国家に遅れを取ったと言わざるを得なかったのではなかろうか[6]。

　生活主体者としての地域住民一人ひとりが地域での住民自治に参画するという、いわば「公共的」事業のために公民館など社会教育が地域の拠点として活躍することに対していまだに否定的な空気がある。例えば「まちづくりあるいは地域づくりとしての地域子育て」といった地域課題や、「ボランティアと行政の関係のあり方」といった現代社会の課題など公共性の実現をめざした学習を公民館主催講座として編成すること、さらには公立小・中学校単位で地区の自治会が公民館を拠点に実施している各種の「学校開放」事業に対して、否定的な研究者や市民運動のリーダーはいまだに多い[7]。

　表1-1は戦後日本における「社会教育法改正」について、その概略的歴史を示したものである。そもそも同法律が制定されるにあたっては、以下の6点について目的が設定されていた[8]。

> ① 社会教育に関する国および地方公共団体の任務を明らかにすること
> ② 社会教育関係の各種団体と国および地方公共団体との関係について規定すること（民間の社会教育関係団体ができるだけ自主的にかつ積極的に活動を続けていくことができるよう助長すること、国および地方公共団体が不当に統制的支配を及ぼしたり干渉を加えないようにすること、補助金を与えることも差し控えること）
> ③ 都道府県および市町村に社会教育委員を置くことができるようにし、社会教育に関して教育長に助言を行うこと
> ④ 公民館の目的、事業、運営方針、職員の取り扱いなどを明らかにし、社会教育の総合的な中心施設として発展するように財政的に支援すること
> ⑤ 国または公立の学校の施設の公共性を明らかにし、社会教育のために利用できるようにすること
> ⑥ 通信教育の発展を図ること

　寺中作雄は『社会教育法解説（1949年）』の序文の中で「法に根拠を置かない社会教育の自由はいつ侵されるか保障し難いのである……もちろん社会教育法は社会教育活動の全面に亘って、これを規制しようというのではない。常に国、地方公共団体というような権力的な組織との関係において、その責任と負担とを明らかにすることによって、社会教育の自由の分野を保障しようとするのが社会教育法制化のねらいである[9]」と述べている。また日本の教育は国によって法制化された学校教育を中心に整備されてゆき、社会教育は学校のいわば「外側」にあったことが幸いして「社会教育の自由の分野」が地域住民に保障されていた歴史がある。このように戦前とは異なり、国家から非常に遠いところに地域住民の「学びの自由」が保障されていた戦後初期の社会教育現場の状況について宮原誠一は次のように述べている[10]。

> 社会教育関係者の中には、日本国憲法を真向うからうけとり、教育基本法、社会教育法、教育委員会法などを文字通りにうけいれて、その精神で早くから戦後の社会教育活動にうちこんできた人びとが大ぜいいる。……戦前の社会教育主事とはほんとうに質を異にする"公務員"的な、サーヴィス行政的な、新しいタイプの社会教育主事が、やがてあらわれはじめ、その人たちが町村の青年や母親などのなかにうずもれて活動しているすがたに接するとき、過去と現在との対照がまことに鮮明に印象づけられる。そういう状況がようやく戦後の混乱のなかから生まれそだちはじめていたときに、情勢がかわり、空気がかわった。

しかしながら、その後の社会教育法改正の歴史は、国家が社会教育を掌握しようとする歴史であった。それはまず社会教育主事の新設とその資格付与のために教員免許法の改正が行われたことから始まる（1951年社会教育法改正、以後単に「改正」とのみ記す）。これに前後して、中等教育への進学率がまだ低く、その代替としての「青年学級」を振興するための法律にともなう改正が1953年に行われ、これを"てこ"にして国及び都道府県教育委員会の公民館に対する指導・助言に関する権限が規定されるようになっていく（1956年改正）。

1959年（昭和34年）の社会教育法改正はその後の社会教育のあり方を大きく規定することになった。まず社会教育主事を必置化し、同時に都道府県教育委員会が実施する講習等により、主事資格を付与できるようにすることによって、行政が社会教育の領域において専門的指導・助言が直接できるようになる道を開いた。また関係団体への補助金禁止を解除することにより、関係団体を行政依存型にしていく道を開いた。これは「民間の社会教育関係団体ができるだけ自主的にかつ積極的に活動を続けていくことができるよう助長すること、国および地方公共団体が不当に統制的支配を及ぼしたり干渉を加えないようにすること、補助金を与えることも差し控えること」といった社会教育法の当初の理念から大きく踏み出すことになる。次に国による公民館の設置・運営基準

の決定と都道府県教育委員会の指導・助言権が明記され、さらに公民館運営審議会の共同設置ができるよう規定されることにより、公民館は地域自治の拠点としてではなく、末端行政としての位置づけに転換させられていくことになった。公民館主事についても公民館職員として明記されることになったが、社会教育主事が専門職としてより明確に規定されるのと対照的に、一般職員としての水準の規定にとどめられた。

　1980年代に入って、いわば「バブル崩壊」に象徴されるように産業構造の転換にともない、国家は新たな危機に直面するようになった。まず第一に、巨大になり過ぎた工業化社会とそれを代表する国家が、教育・環境・福祉・まちづくりなどといった、地域での住民生活関連行政のすべてを物理的に掌握することが財政的に困難になり、行政機構そのものを転換することを余儀なくされてきたことである。そして第二に、ハードな面の負担については地方分権を導入して国の権限を地方に委譲し、国家が掌握するのはソフトな部分に限定し、その限りにおいて地域住民の行政への参画（民間活力の導入）を推進せざるを得なくなったことである。こうした危機に直面して、国家はいっそう公教育全体を直接統制する必要に迫られ、1980年代に一連の臨時教育審議会答申の中で「生涯学習」が政策として本格的に検討されるようになった。

　社会教育においても、国家が直接統制する施策が次々と登場してくることになる。1971年（昭和46年）の社会教育審議会答申「急激な社会構造の変化に対処する社会教育のあり方について」、1981（昭和56）年の中央教育審議会答申「生涯教育について」そして1986（昭和61）年の臨時教育審議会第2次答申「生涯学習体系への移行」はこれを示していると言えよう。特に、1986年の「臨時教育審議会第2次答申」では、これまでの「生涯にわたる学習機会の拡充」から「公教育制度全般を再編成する理念」として生涯学習が重視されるようになった。そして国家制度そのものであった学校教育を生涯学習機関化することにより、社会教育を含めた公教育全体を憲法・教育基本法制の外にあぶり出す戦略に踏み出したと言えよう。こうすることにより初めて、教育専門職

しか手を出すことができなかった「教育内容あるいは学習内容面（ソフトの部分）」の編成あるいは管理・運用に対しても、一般行政が関与できる道を開くことができるからである。

表1-1　戦後社会教育法改正の概略史

（太字は社会教育法・同改正関連、※は関係する法律など、◎は重要文献・国際的動向など、●は3つのテーゼ）

年		事　柄
1946年	昭和21年	◎寺中作雄『公民館の建設－新しい町村の文化施設』
1949年	昭和24年	・社会教育法公布
		◎寺中作雄『社会教育法解説』
1951年	昭和26年	・社会教育主事の設置に関する規定：新設
1953年	昭和28年	・青年学級振興法にともない、関連項目を追加
1954年	昭和29年	・教員免許法の改正にともない社会教育主事の資格を規定
1956年	昭和31年	・国及び都道府県教育委員会の公民館に対する指導・助言に関する権限が規定される
1958年	昭和33年	・勤評反対運動高まる
1959年	昭和34年	・社会教育主事の必置化と主事資格付与の道を大学以外の都道府県教育委員会による講習等により付与できるように拡大。また関係団体への補助金禁止を解除、国による公民館の設置・運営基準の決定と都道府県教育委員会の指導・助言権を明記、同時に公民館の職員として「主事」を明記し、その職務について規定する。また公民館運営審議会の共同設置ができるよう規定
		※公民館の設置及び運営に関する基準（文部省告示）：公民館には館長および主事を置き、公民館の規模および活動状況に応じて主事の数を増加するよう努めるものとすると規定
1961年	昭和36年	・全国一斉学力調査実施
1963年	昭和38年	●枚方市における社会教育の今後の在り方（枚方テーゼ）
1965年	昭和40年	◎ポール・ラングランによる生涯学習論の提唱：第3回ユネスコ成人教育国際委員会（パリ会議）、波多野完治訳『生涯教育入門』
		●公民館主事の生活と役割（下伊那テーゼ）

1966年	昭和41年	※中央教育審議会答申「後期中等教育の拡充等について：期待される人間像」
1970年	昭和45年	※新経済社会発展計画
1971年	昭和46年	※社会教育審議会答申「急激な社会構造の変化に対処する社会教育のあり方について」、社会教育理念を国民生活のあらゆる領域に拡大、生涯学習の観点からの社会教育の再編・体系化、社会教育内容そのものへと関係団体やボランティアへの国の関与を明記
1974年	昭和49年	●新しい公民館像をめざして（三多摩テーゼ）
1981年	昭和56年	※中央教育審議会答申「生涯教育について」：生涯にわたって行う学習を支援するための教育制度全体の改革を提起、社会教育事業の拡大、社会教育施設の整備、社会教育以外の公共施設の開放について国の規定を明記 ◎横山宏、小林文人『社会教育法成立過程資料集成』昭和出版
1983年	昭和58年	◎ユトレー・ジェルピ『生涯学習：抑圧と解放の弁証法』前平泰志訳
1985年	昭和60年	◎ユネスコ・学習権宣言：第4回ユネスコ成人教育国際委員会
1986年	昭和61年	※臨時教育審議会第2次答申：生涯学習体系への移行と、学校中心の公教育の考え方から転換することを提起 ◎欧州審議会宣言
1987年	昭和62年	※臨時教育審議会第4次答申：学歴社会の弊害の是正、生涯学習機関としての学校教育の役割、生涯学習を推進するまちづくり、社会教育局を生涯学習を専ら担当する局に改組などを提起
1988年	昭和63年	※文部省社会教育局廃止、生涯学習局の設置
1990年	平成2年	・生涯学習振興法にともない「社会教育審議会への諮問」を「生涯学習審議会への諮問」に変更など生涯学習振興法に沿う形で改正 ※中央教育審議会「生涯学習の基盤整備について」：国における連絡調整組織、都道府県における「生涯学習センター」、大学・短大などの生涯学習センターについて提起 ※「生涯学習の振興のための施策の推進体制等の整備に関す

		る法律の制定」(理念についての定義がなされないまま目的のみが規定される)、文部省・通産省が中心となり国による生涯学習振興策を明記し、都道府県が策定しようとする生涯学習施策について国が判断する権限を持つとした。また生涯学習の振興のため、商工会議所など文部省や教育委員会傘下の機関や組織を超えた部分に施策を拡大する道を開く
1992年	平成4年	※生涯学習審議会答申「今後の動向に対応した生涯学習の振興方策について」:リカレント、ボランティアなど現代的課題に対応した学習機会の組織化について提起
1995年	平成7年	※「地方分権推進法」:国と地方公共団体との役割分担について、生活行政を中心に国の権限を地方に委譲すること、そしてこれにともなう地方行政への住民参加について明記
1997年	平成9年	◎学習:秘められた宝ユネスコ「21世紀教育国際委員会」報告
		◎ユネスコ・成人の学習に関するハンブルグ宣言:第5回ユネスコ成人教育国際委員会
1998年	平成10年	※生涯学習審議会答申「社会の変化に対応した今後の社会教育行政のあり方について」:地方公共団体の自主的な取組みの促進のために社会教育に関する法律の規制を廃止・緩和(公民館運営審議会の必置規制廃止、公民館長任命に際する公民館運営審議会からの意見聴取義務の廃止、公民館長・公民館主事専任要件(専門職性)を緩和、社会教育施設の民間委託、社会教育行政への住民参加を促し、民間教育事業者や社会教育関係団体との連携を強化することなどを提起
2000年	平成12年	・地方分権一括法にともなう改正、第15条(社会教育委員の構成)委員構成の簡素化、第16条:公民館運営審議会の任意設置化など生涯学習審議会答申に沿う内容で改正
2001年	平成13年	・21世紀教育新生プランに基づいて社会教育法第3条(国および地方公共団体の任務)に第2項を新設して、「学校教育との連携の確保」「家庭教育の向上に資すること」を規定
		※中央教育審議会答申:民間活力の活用

| 2002年 | 平成14年 | ※地方自治法改正：指定管理者制度の導入
※中央教育審議会答申：青少年の奉仕活動・体験活動の推進方策について |

(2) 「社会教育の歴史的理解」としての生涯学習

　長澤成次氏は、こうした社会教育法「改正」の歴史は社会教育に対する国家的再編の進行の歴史であり、住民の自己決定権を拡充する地方分権ではなく、住民参加と住民自治を否定する中央集権的改悪であったと指摘する[11]。確かにその通りであろう。国家が住民生活のすべての面にまで統制力を及ぼさなくては維持できない社会は、他方では一人ひとりの住民の社会的規範力が弱体化しているという意味で、社会的危機をも示している。

　宮原誠一は「社会教育の歴史的理解」として、「社会教育の動きの背後にある一つの大きな社会的力」が一貫して強く働いているとき、その対応策として政策的な精神指導・生活指導が国家から出てくる、と述べた[12]。ここで言う国家が直面する「一つの大きな社会的力」とは、宮原の場合は「労働者階級を先頭とする一般民衆の社会的自覚の高まり（宮原誠一）」であったが、現代社会ではどのように理解すればよいのであろうか。

　1980年代以降、「新自由主義」と言われる規制緩和・民営化・行政改革を見る限りにおいて、高度経済成長を達成した第二次産業社会の社会的規範力、すなわち「官僚的行政による社会の集権化（全国一律の基準化・規格化）」が社会のあらゆるところで行き詰まりを見せ始め、これに代わって第三次産業社会の「社会の分権化（地域の個性化・多様化・流動化）」という新しい社会的規範力が形成されつつあるように思われる。

　官僚主義的社会統制の行政管理機構を土台にして、経済効率性を優先する社会を作り上げた第二次産業社会が「①地域社会の自立性を弱めて国への依存性を限りなく強め」、また「②地方から中央への人材と社会資本の集中を限りなく推進し」、その結果、あらゆる領域において中央と地方のバランスが崩れ、画

一化・硬直化・社会の旧い部分と行政との癒着などが浸透し、社会全体が機能しなくなってきた。つまり「教育・福祉・環境・地域活性化のまちづくり」などといった「総合的施策」が求められる領域に、「社会の集権化（＝全国一律の基準化・規格化）」という第二次産業社会の社会的規範力の矛盾が集中してきたのである。しかも即効的効果が必ずしも見込めない生活領域の問題解決が後へ後へと先送りされ、そうした"つけ"がどうにもならないところまで膨れ上がって国や地方自治体の財政的危機が進む一方、公共的問題に関する市民の意識の希薄化が進行し、これら全体が国家の社会的規範力を極端に弱体化させる危機の要因になっているように思われる。本書では「第二次産業社会」をここまで追い込んでいる「第三次産業社会の社会的規範力」を国家が直面する「1つの大きな社会的力」として理解することにする[13]。

「経済効率性では必ずしも計測できない生活性[14]を優先する」第三次産業に従事する人の総数が、産業全体の就業者数の中で多数を占めるようになった現

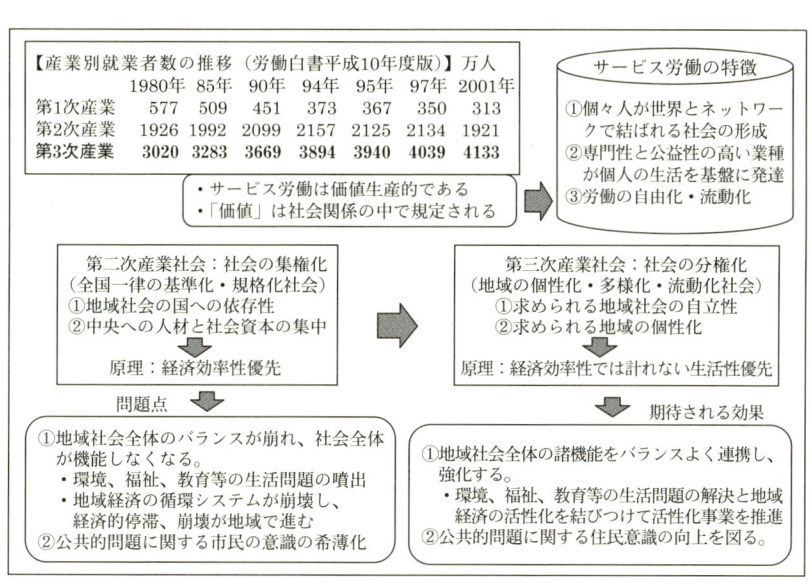

図1-1　第二次産業社会から第三次産業社会への転換にともなう社会の規範的価値の変化

代社会では「①自立性」と「②個性化」が求められるようになってきた。図1-1は第二次産業社会から第三次産業社会への転換にともなって社会の規範的価値が変化してきた様子を示したものである。

　産業別就業者数の推移を見る限りにおいては、1980年代のバブル崩壊あたりから既に第三次産業に従事する人々が産業社会の多数を占めるようになっていたことが分かる。第三次産業社会というと、通常はIT産業やコンピューター産業などの大企業による情報化社会をイメージする人が多いと思われる。しかし本書では第三次産業に従事する人々の大部分を占めるサービス業と商業といった、「社会関係の中で機能している生産的経済活動」を対象にしている。これらの経済活動の特徴は以下の通りである。

> ①　個々人が世界とネットワークで結ばれる社会の形成
> ②　専門性と公益性の高い業種が個人の生活や地域の歴史・文化を基盤に発達
> ③　経済の自由化・流動化

　限りなく広く世界中に、そして限りなく個々人の私生活や地域社会に張り巡らされつつある情報ネットワークは、「個人」あるいは「個」というものを基盤にした「普遍的世界」を形成しつつある。不特定多数を対象にした大量生産方式の第二次産業社会には認められなかったことである。また、こうしたネットワークの形成は「個々人の生活」と「世界で起きる地球規模の現象」をより直接的に結びつけようとしている。こうした社会が求める労働力の専門性は、より総合的で高度であるにとどまらず、同時に国際社会でも通用する高い公共性・公益性がますます求められようとしている。さらに、サービス業と商業の中で一般化しつつある労働形態は「パート・アルバイト」といった労働力のより自由化した形態である。このように第三次産業社会の中で大部分を占めるサービス業と商業が作り出しているこのような新しい社会関係は、新しい社会

的価値観、すなわち「個人」を基盤にした流動性の高い社会的規範価値を形成しつつあり、「個の形成」を押さえつける第二次産業社会の画一的管理主義と矛盾を深めつつある。

　そして環境・福祉・教育等の生活問題の解決と地域経済の活性化を結びつける論理[15]、言い換えるならば、人々の生活の中で展開している地場産業、あるいは社会の関係性の中で初めて機能するサービス業や商業などの生産的経済活動は地域社会全体の諸機能がバランスよく連携し、強化することによって初めて活性化し、また同時に公共的問題に関する住民意識の向上を強く求めるようになっている。環境や教育を破壊するような企業は社会から支持されないし、住民の心が荒れている地域の商店街はすさんだものになってしまう時代になっているということである。ちょうど寺中作雄が「産業とつながりをもたぬ教養は空疎な理論に終わり、文化と関係しない産業は無意味である。政治、教育、産業は不離一体の関係に於て総合的に把握されねばならない[16]」と言うように、地場産業・サービス業・商業といった地域の社会関係の中で初めて機能し、「社会関係」という「物や形として現れない価値」を生産する第三次産業は、生産的経済活動と社会関係を創造する意味での「地域づくり・まちづくり」の機能を持ち、その前提として「個々の住民の学習」を必要とする。

(3) 「国家による社会教育・生涯学習事業の内容および制度の掌握過程」としての社会教育法改正

　宮原が言う、国家が直面する「一つの大きな社会的力」とは、現代社会では「第三次社会の社会的規範価値」であると本書では規定した。こう理解することによって、1980年代以降の臨時教育審議会をはじめとする、施策における国家の意図が、「危機に直面した国家の生き残りをかけた施策である」ことがよく見えてくる。国家が直面している危機は、これまでの自らの施策が招いた結果でもあろうが、他方では宮原が「一つの大きな社会的力」と言うように、民間も含めた現代社会全体が直面する普遍的課題も含まれている。しかし民間側の

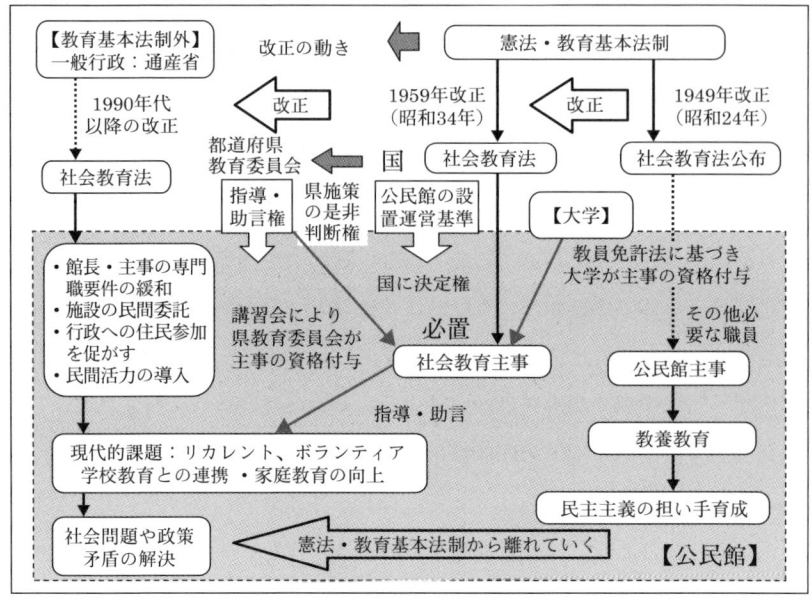

図1-2　社会教育法改正の概略史
（※破線は直接的規定は無いが法的関係を有することを示す）

国家批判が、必ずしも現代社会の普遍的課題に十分応えたものとは言えないのではないかという問題点が見えてくる。

　社会教育法改正の流れを図式化すれば図1-2の通りである。

　図1-2の下半分（破線の囲み内）は公民館が掌握する公民館講座など社会教育事業の部分であり、同図の上半分が国家との関係を示す法規の部分を示している。そして図全体としては右から左へと社会教育法改正の流れを示している。社会教育法の改正自体はおびただしい回数に及ぶので、本書ではその中でも特に1959（昭和34）年と1980年代から90年代にかけての、臨時教育審議会答申、中央教育審議会答申、社会教育審議会答申そして「生涯学習の振興のための施策の推進体制等の整備に関する法律」などを受けた社会教育法改正のみを取り上げた。

　一連の社会教育法改正の論点は、「国家が公民館講座など社会教育事業に直

接関与できるための障害をどうクリアしていくか」という一点に尽きると思われる。その理由は次の通りである。

　まず国家は終戦直後から1960年代（高度経済成長期前後）までの間は、国家の関心は専ら青年層を対象にした労働力養成にあり、学校教育への国家統制を強めることにより第二次産業社会からの要請に応えようとしていた[17]。そして社会教育は地域社会の機能とされ、国家による施策の整備は本格的には推進されてこなかった。

　しかしながら、バブル崩壊後、第二次産業社会から第三次産業社会への産業構造の転換にともない、これまでの国家統制の手法や施策が通用しなくなり、大きな危機を迎えるようになる。これについては先述にもあるが、再度ここで確認したい。第二次産業社会の国家は「全国一律の基準化・規格化を"てこ"にして社会の集権化を限りなく推進」してきた。しかしながら、新たに社会的力として登場しつつある第三次産業社会は、「地域の個性化・多様化・流動化を"てこ"にして社会の流動化・分権化」を限りなく推進しつつあり、また施策としても「経済効率性では計れない生活性」の原理に基づく「地域社会の自立性」と「地域の個性化」を求めつつある。これにともない、国家の社会統制の手法も「経済効率性」の原理に基づく「地域社会の国への依存性および中央への人材と社会資本の集中」から、第三次産業社会が求める「地方分権」政策に基づく「規制緩和および流動化」施策へ転換を余儀なくされつつある。

　国家が地方自治体の生涯学習事業内容を掌握していく過程に焦点を当てて図1-2を見ると、以下に示す図1-3の通りになる。1959（昭和34）年の改正では社会教育主事の必置化が明記され、「大学以外の都道府県教育委員会による講習等によっても主事の資格が付与できること」とし、専門職養成ならびに資格を行政が付与できる道を開いた。さらに1999（平成11）年には主事の専門的資格が緩和される反面、専門職としての自立性は低くなり、国の基準により拘束される位置づけに変わっていった。1990（平成2）年には都道府県が策定する生涯学習施策について国が判断できる権限を持てるよう改正され、「リ

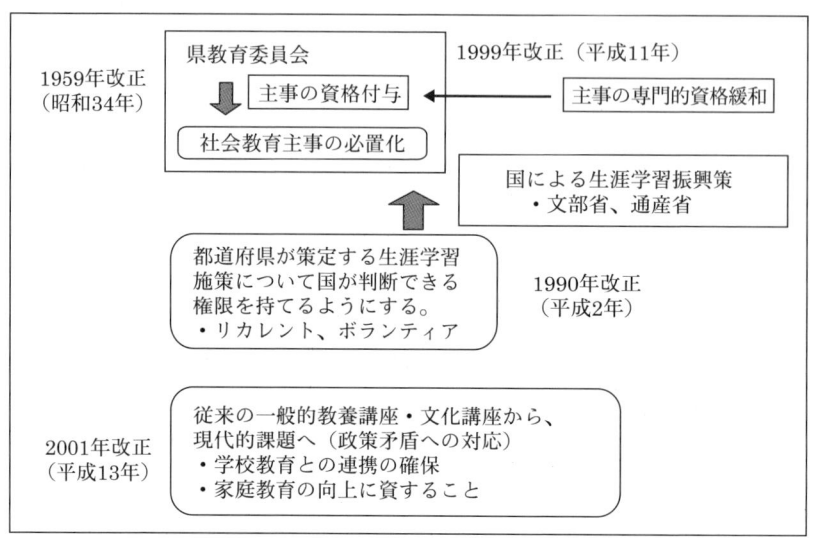

図1-3　国家が地方自治体の生涯学習事業内容を掌握していく過程

カレント」や「ボランティア」など現代的課題に対応した学習機会の組織化が行政によって打ち出されるようになった。こうして国家は社会教育事業の内容に直接関与できるルートを開きつつ、2001（平成13）年の改正では、より具体的に「学校教育との連携の確保」や「家庭教育の向上に資すること」が国の重点課題として打ち出された。これは従来の一般的教養講座・文化型から政策矛盾対応型へと、講座内容に関する基準が国家によって規定されるようになったことを意味する。

　次に、図1-2を国家が教育委員会傘下の機関・組織を超えた部分を掌握していく過程に焦点を当てて見ると図1-4の通りになる。1959（昭和34）年の「社会教育主事の必置化」は、社会教育あるいは生涯学習事業の内容および制度の両面において、国による生涯学習振興策を拡大する足がかりであった。1990（平成2）年の改正は、文部省・通産省が中心となって国による生涯学習振興策を明記し、都道府県が策定するなど、生涯学習施策について国が判断する権限を持てるようにした。また生涯学習の振興のため、商工会議所など文部

第1章 住民自治の創造と生涯学習 31

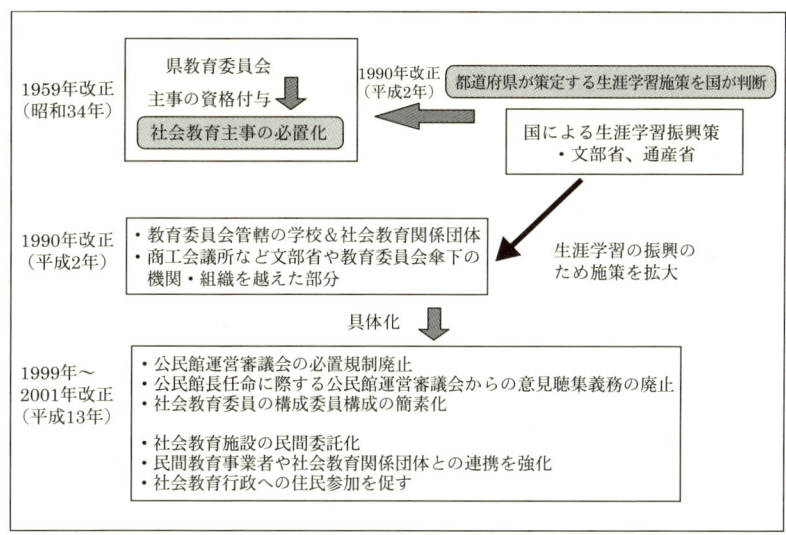

図1-4 国家が教育委員会傘下の機関・組織を超えた部分を掌握していく過程

省や教育委員会傘下の機関や組織を超えた部分に、施策を拡大する道も同時に開いた。1992（平成4）年の生涯学習審議会答申「今後の動向に対応した生涯学習の振興方策について」はリカレント、ボランティアなど現代的課題に対応した学習機会の組織化について規定するなどのように、ソフトの部分に照準を当てた国家の社会統制と、ハードの部分は地方自治体の自助努力にまかせ、結果的には生活行政の切り捨てに向かってしまうという行財政の効率化とがいっそう増大している。また1998（平成10）年の生涯学習審議会答申「社会の変化に対応した今後の社会教育行政のあり方について」では、地方公共団体の自主的な取組みの促進のために社会教育に関する法律の規制を廃止または緩和（公民館運営審議会の必置規制廃止、公民館長任命に際する公民館運営審議会からの意見聴取義務の廃止、公民館長・公民館主事専任要件の緩和）を提起し、同時に社会教育施設の民間委託、社会教育行政への住民参加を促し、民間教育事業者や社会教育関係団体との連携を強化することを促した。1999（平成11）年〜2001（平成13）年までの改正は、先述にある一連の生涯学習審議

会答申を受けた内容になっている。さらに、地方分権一括法にともなう改正として「社会教育法第15条（社会教育委員の構成）委員構成の簡素化と、同第16条：公民館運営審議会の任意設置化など生涯学習審議会答申に沿う内容で改正」。また、21世紀教育新生プランに基づいて社会教育法第3条（国および地方公共団体の任務）に第2項を新設し、「学校教育との連携の確保」「家庭教育の向上に資すること」を定めた。その後、中央教育審議会答申を受けた「民間活力の活用」や地方自治法改正を受けた「指定管理者制度の導入」などが施策として推進されている。

(4) 社会教育法改正の過程で見えてくる地域住民側の課題

以上、宮原の「社会教育の歴史的理解」に即して、国家が直面する「一つの大きな社会的力」に焦点を当てて、社会教育法改正の過程で見えてきた点について考察した。次に民間側が直面する「一つの大きな社会的力」について考察したい。

第1の論点は、宮原の言う、「社会教育の動きの背後にある一つの大きな社会的力」が社会教育主事に突きつける課題についてである。第三次産業社会が求める「地域社会の自立性と個性化」は「住民自治に開かれ、これと連携する大学の自治」の実現を求めている。社会教育主事を養成する大学についてとらえ直してみるならば、社会教育主事養成カリキュラムが、現場の状況や要請を的確に把握したものになるために（すなわち「歴史・文化・まちづくり」などといった地域的課題や、「教育・環境・福祉」などといった現代的課題を大学のカリキュラムとして編成し、また評価できるために）、大学の基本的機能である「教育機能」と「研究機能」が社会教育主事会などの専門職集団に開かれ、また日常的にこれとの連携を確保できているかどうかということが重要になる。大学自身がこうした諸課題に関連する幅広い連携やネットワークを学内の生涯学習系教育研究センターを通して社会教育主事などの専門職集団と共同して創造しておくことが、社会教育主事という社会生活の中で機能する教育専門職養成

第1章　住民自治の創造と生涯学習　33

のためのカリキュラムの創造にとって重要であろう。社会教育主事会と大学との連携の中で、社会教育主事自身が自らを養成するシステムや、自らの専門的業務の専門性および自立性に基づいて公民館などの教育施設の「設置・運営」の基準を決定したり、関係団体との連携を構築できることが専門職集団としての能力として問われている。ところが現状では社会教育主事会が専門職集団としてのこうした自治機能を十分創造しているとは言い難い。また大学内においても教員養成を行う学部が生涯学習系教育研究センターとの連携を作り上げることが十分できず、主事会などの専門職集団が大学との連携も十分構築できていない。そしてこうした状況が、社会教育主事の養成を「大学」以外でもできるよう国家が基準を設定し、社会教育主事が行う生涯学習講座への指導・助言という社会教育主事の専門的業務に対してまでも、行政の関与（最終的には国家の関与）を可能にしてしまう要因になっていると言わざるを得ない。専門職を育成する大学が、地域社会の専門職集団に開かれ、専門職としての自治性を高めていく拠点になっていくこと、そしてこうした地域社会との連携の中で大

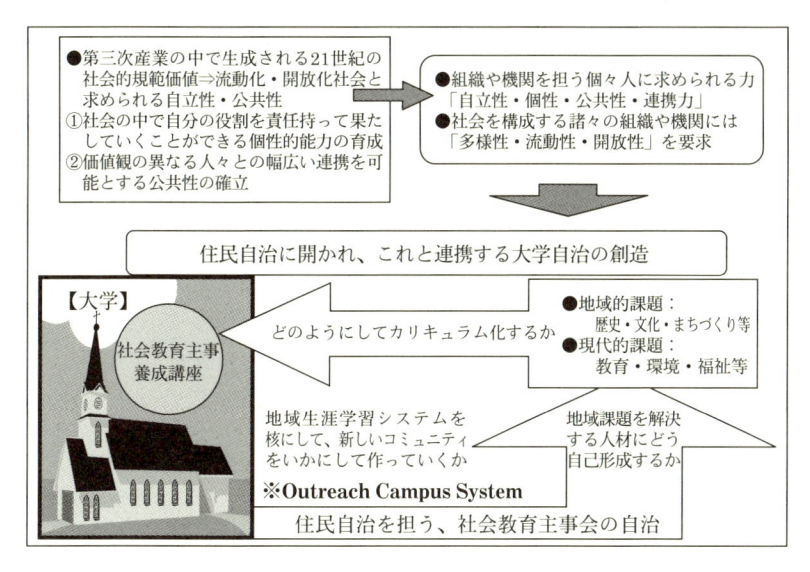

図1-5　第三次産業社会が求める住民自治に開かれ、これと連携する大学の自治

学自治を構築していく、すなわち「住民自治に開かれ、これと連携する大学の自治」を創造していくことが今後の課題であろう。

　これまで「大学自治」というものは、ともすると「教授会自治」と同義語に扱われ、「大学外からの不当な圧力あるいは支配に服さない」ことを「良し」とし、これが結果的には社会に対して閉鎖的で「地域住民の生活」はおろか「住民自治」のために開かれることもほとんどなく、ややもすると社会から孤立したいわゆる「象牙の塔」を作ってしまう傾向にあった。そのため多くの大学は地域社会に自らの基盤を十分形成することもなく、これが国家によって大学の教育と研究が統制される要因となったと言っても言い過ぎではないであろう。

　第2の論点は、現代的課題あるいは地域的課題を学習講座として設定することの是非についてである。一連の社会教育法改正の中では、国家は「個人を啓発するための教養講座や文化講座」を中心としている公民館などの社会教育講座を「公共性」の名のもとに、現代社会の課題に対応した講座（例えば、リカレント、ボランティア、地域子育て、家庭教育講座など）に方向づけようとしていることが明らかにされた。これに対しては、「国家が講座内容を統制することは個人の学習権を侵害するものであり、憲法・教育基本法の理念に反するものである[18]」とする批判が一般的である。しかしこの批判はあくまでも国家が生涯学習や社会教育関連り講座における学習内容を施策として規定することに対する批判であると理解すべきであろう。寺中作雄が、公民館は社会教育機関、社交娯楽機関、町村自治振興機関、産業振興機関、次世代の地域の担い手養成機関であり、現代社会でも公民館は、住民自治を土台にした「地域づくり・まちづくり」の拠点となり得る可能性は高いと述べているように[19]、公民館などが講座に「公共性」とか「現代的課題」あるいは「まちづくり」を主体的に取り上げること自体に対して否定的になるのは間違っていると言わざるを得ない。

　今日重要なことは、住民自治の創造を土台にして、「住民が自ら希望する学習内容について、住民自身が自らの手で保障していく」という「住民の学習

権」論を構築することである。「自分達がどのような学習内容を権利として求めているか」という意識が希薄なところで無料の講座が一般化した場合、社会人になってからの学習というものを単なる生きがい作りあるいは余暇活用事業にしてしまう危険性がある。今日の公民館講座あるいは生涯学習講座がまさにそのような現状であると言わざるを得ない。「"学習権"意識を低下させつつ"無料講座"を広げていく」ことにより、日本の社会教育は寺中が描いた「地域づくり・まちづくりの拠点」から離れる傾向にある。いつの日からか補助金依存の公民館・社会教育講座になってしまった体質が問われていると言えよう。

　三多摩テーゼは公民館の役割として、「①自由なたまり場、②集団活動の拠点、③私の大学、④文化創造のひろば」といった公民館運営の7原則を提起した[20]。小林文人氏は、今日ではこれらの原則も見直しが必要である、として「①公民館の地域組織論・地域活動論などの不十分さ、都市型のひ弱な体質、②施設管理の先行、職員も市民活動も館内中心など"悪しき施設主義"」を指摘し、「社会的弱者への学習対応」「地域と住民自治への挑戦」といった課題を提起している[21]。また鈴木敏正氏も「施設内で完結する学習から、地域学習センターへの転換」「学習により現代社会の課題（深刻な人間疎外からの脱却と地域づくりの主体形成）が社会教育の学習課題の中心に」と現代社会的課題に対応した学習の組織化が重要となっていることを指摘する[22]。

　このように今日では、地域住民の意思や学習活動に育まれ、地域社会の特性を活かした社会教育計画を策定していくことが、学習権保障を住民自治との関係でとらえていく上でも重要になっている。

第2節　地域サービスとしての生きがい学習から住民自治を創造する生涯学習へ

　民主主義の担い手を育成することを期待された戦後の社会教育は、教養教育および、農業を中心とした生産教育などを含んで出発した。しかし工業化にと

もなう国の施策によって、社会教育は「余暇善用のための生きがい学習」に変質し、生産とつながらない個人の趣味活動的性格を強めてきた。そして産業構造が転換しつつある現代社会において国家の個々人に対する社会的規範力が低下していくにつれ、公的機関が提供する学習の公共性が改めて問われるようになってきている。これは一面では国家自身が自ら招いた政策的矛盾に対する課題であろうが、他方では第1節でも述べたように新しい時代の「社会的力」が普遍的に求める課題でもある。これに対する国家の対応は「現代的課題あるいは政策矛盾を解決するために積極的に社会貢献する人材の育成（すなわち生涯学習）」に施策の照準を当ててきている。ところが第二次産業社会（工業化社会）の次に登場しつつある第三次産業社会は、「生産」と「学習」が結びつくことによって公共性が実現する「大人の学習」を求めていて、必ずしも政策矛盾や現代社会の課題に対処する「行政の道具としての学習」を求めているのではない。言い換えるならば、「住民自身が自らを組織できるようになり、住民自治を実現する学習」や「地域課題や現代的課題に個人として対応できるようになる学習」を求めるようになっている。

　第1節では、「サービス業や商業などは地域全体の社会関係がバランスよく発展していく中で初めて機能する生産的経済活動であり、"社会関係"という"物や具体的形として現れない価値"を生産することができる、こうした意味で、これらの産業は"地域づくり・まちづくり"の機能を持ち、その前提として個々人が"地域づくり・まちづくりの担い手としての公共性"と"それぞれの産業に携わる専門的学習"を必要とする」と述べた。第2節ではこれについてさらに考察を加えたい。

(1) 「社会関係」という「物や形として現れない価値」を生産する「地域づくり・まちづくり」と住民の学習

　「地域づくり」あるいは「まちづくり」ということばがよく使われる時代になっている。しかし「何をつくるのか」、あるいは「"地域"や"まち"とは何な

のか」という中身については共通した概念が確立されているとは言い難い。これらを明らかにしない限り、「公共性」の定義や中身も明らかにできないであろうし、これと深く関連する「学習」についても明確にすることはできないと思われる。「地域」や「まち」についての考察は後の機会に行うとして、本節では「何をつくるのか」、そして「地域づくりの担い手としての住民の学習」について考察したい。こうした考察の切り口して、まずスーパーと商店街の経済的基盤について、「地域づくり」「まちづくり」の観点から比較してみたい[23]。

　スーパーというものは、徹底した経済効率性を追求することによって、「低価格」「店舗と一体になった駐車場」「1か所で多くの品揃えができる」などというサービスを提供し、第二次産業社会を基盤にして生まれ、経済効率的、大量消費社会を支えてきた大型店舗商業であるということができよう。ところが第二次産業社会から第三次産業社会へと時代が転換する中で、こうした経済効率的大型店舗商業はいくつかの限界あるいは問題点を抱えるようになっている。

　第1に、ますます激しさを増す低価格競争に限界が見え始めているということ、第2に、巨大化し過ぎた大型店舗は自らのシステムの維持・管理費が経営を圧迫し始めていること、そして第3に、消費者の消費傾向が多様化あるいは個性化し、従来の「規格品の大量生産方式」が価格とのバランスで通用しなくなってきているということである。

　また第二次産業社会の時代に大型店舗を誘致するため、全国で推進された「再開発」の「つけ」が今日、地域住民の負債として重くのしかかっていることも指摘しなくてはならない。再開発というものは地域の一部を高度集約、高度利用し、パワーをつけて活性化を図る手法であり、拠点開発といった経済効率的考え方を住民生活の中に持ち込むようになる。しかし今日では、経済効率的考え方と合い入れない「環境・福祉・教育」といった住民生活の諸課題と経済活性化のバランスが崩れてしまい、「生活問題の噴出・地域経済の循環システムの崩壊・商店街や地場産業」など地域経済の極端な落ち込みと崩壊といっ

た、社会全体が機能しない状況が生まれてしまっている。そして何よりも深刻な問題は、「再開発」方式というものが、担当行政部局や地権者といった一部の人々のみによって、市民生活全体にかかわる地域開発を密室で企画してきたことであり、公になった段階ではほとんど決定してしまっているというやり方を取っていたことから、公共的問題に関する市民の参画意識を希薄にしてしまったことである。この「つけ」は「皆の問題あるいは社会全体の問題が自分の問題としてなかなか受け止められない」という形で今日の社会全体に蔓延し、「地域づくり・まちづくり」の大きな障害になっている。

　商店街の本来の姿はそこに住む住民の生活が何世代にもわたって積み上げてきた生活の歴史を経済基盤としている姿である[24]（図1-6参照）。しかしながら、私たちの生活の大半を占める「相互扶助の信頼関係」や「家族の愛情関係」などというものは、経済効率主義にとっては非効率的なものであり「時間的・経済的に無駄なもの」としか映らないものかもしれない。その理由は経済効率主義にとっては「すぐに、大きな効果を出すもの」のみが価値あるものであって、「社会関係」という「物や形として現れないもの」あるいは「すぐ効果が現

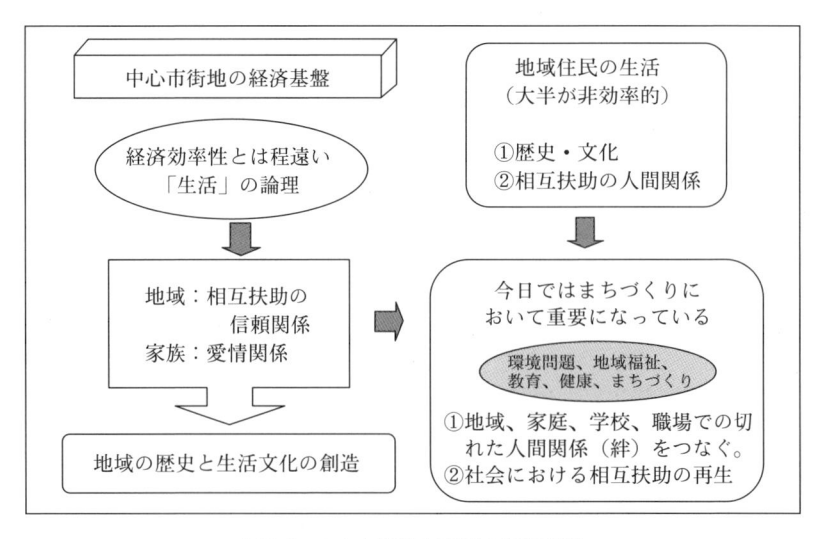

図1-6　中心市街地商店街の経済基盤

れないもの」などは「労力を費やす価値の無い無駄なもの」として切り捨てられる対象でしかないからである。このように経済効率主義という考えは、特定の目的のために即効的に役立たないものはすべて「無駄なもの」として切り捨ててしまう傾向がある。これは一見効率的のように見えるが、物事が進行していくにつれ、関連するものをどんどん切り捨てていった「つけ」が深刻な矛盾として立ちはだかり、最終的には効率の悪いものになってしまうことになる場合が多い。例えば、スーパーの経済効率主義と同じ論理で競争しようとする商店街の経営者にとって、「歴史と文化を活かしたまちづくり」や「お年よりや障害者にとって優しい商店街づくり」はナンセンスなことであるとしか映らない場合が今でも多い。こうして「そこに住む人々の社会関係」という「物や形として現れない価値」を生産してきた「地域」や「まち」の多くが、経済効率主義の進展とともに崩壊し、商店街もこれと同時に衰退していったように思われる。

　しかしながら、私たちが地域社会で生活する限りにおいて、私たちの生活はいまだにその大半が「相互扶助の信頼関係」や「家族の愛情関係」に支えられているのではなかろうか。その理由は、法に基づく基準あるいは規格を厳密にすることによって機能している行政サービスや、採算性を厳密に計測しなくては経営が維持できない企業の論理だけではカバーできないかなりの公共領域が私たちの生活に残ってしまうからである[25]。

　第三次産業社会が求める「地域づくり・まちづくり」はこうした新しい公共領域を舞台にして「住民自らが自分達を組織し、地域全体の問題にしていく」ことを不可欠の要件としている。同時に行政に対しても「まちづくり課」などといった総合的行政窓口を設置し、地権者だけでなく、住民全体がまちづくりに参画し、地域社会全体の計画（基本計画）に基づき活性化を考えていくシステムの整備が求められている。このように「地域づくり・まちづくり」の手法は経済効率主義と対置する「生活者の論理」で地域の活性化を図ることが重要になっていて、「地域社会全体の諸機能をバランスよく連携し、強化する」こと

を求め、「環境・福祉・教育等」といった生活課題の解決と地域経済の活性化とを結びつけて活性化事業を推進しようとする。そして何よりも重要な点は、公共的問題に関する住民意識の向上を求めることである。

さて、このような「地域づくり・まちづくり」を成功させるには図1-7に示されるように「住民自らが、自らを組織し、地域全体の動きにしていく」ことが重要になってくる。決して行政主導ではなく、住民自らが「まちづくり」についての自分達全体の意識を高める取組みなくして、「環境・福祉・教育問題・地域経済の活性化・歴史・文化」といった住民生活の中で機能している生活行政に対する理解と問題解決への取組みはほとんど不可能であろう。また行政の窓口として、住民対象の学習・啓発活動を担当している庁舎内各部署間の連携を強めるための生涯学習ネットワークの整備が求められる。さらに地域社会でも、事業所間、住民同士間さらには企業と住民生活との間のネットワークを整備することも併せて必要となる。

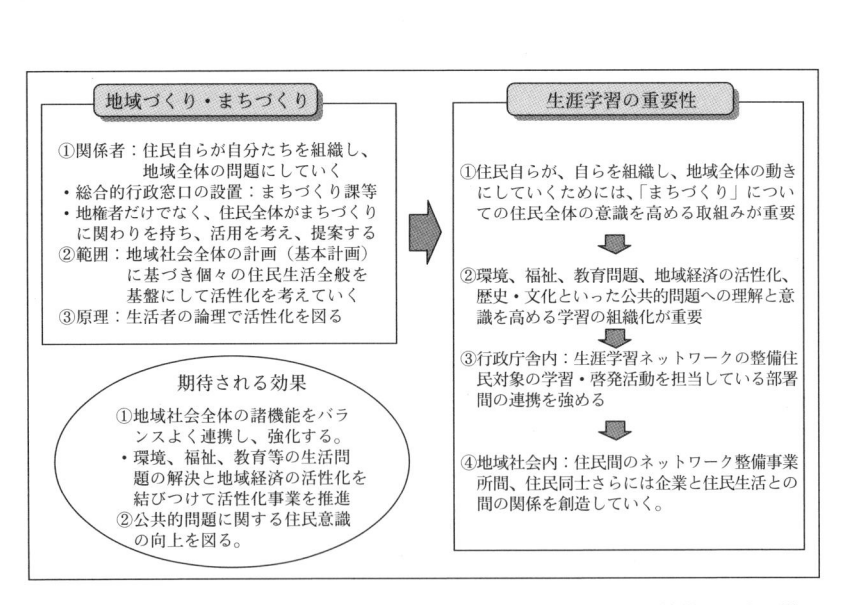

図1-7 「地域づくり・まちづくり」に求められる住民自身による自主的学習と生涯学習

地域づくり・まちづくり
①関係者：住民自らが自分たちを組織し、地域全体の問題にしていく
・総合的行政窓口の設置：まちづくり課等
・地権者だけでなく、住民全体がまちづくりに関わりを持ち、活用を考え、提案する
②範囲：地域社会全体の計画（基本計画）に基づき個々の住民生活全般を基盤にして活性化を考えていく
③原理：生活者の論理で活性化を図る

期待される効果
①地域社会全体の諸機能をバランスよく連携し、強化する。
・環境、福祉、教育等の生活問題の解決と地域経済の活性化を結びつけて活性化事業を推進
②公共的問題に関する住民意識の向上を図る。

生涯学習の重要性
①住民自らが、自らを組織し、地域全体の動きにしていくためには、「まちづくり」についての住民全体の意識を高める取組みが重要

②環境、福祉、教育問題、地域経済の活性化、歴史・文化といった公共的問題への理解と意識を高める学習の組織化が重要

③行政庁舎内：生涯学習ネットワークの整備住民対象の学習・啓発活動を担当している部署間の連携を強める

④地域社会内：住民間のネットワーク整備事業所間、住民同士さらには企業と住民生活との間の関係を創造していく。

寺中作雄は『公民館の建設』の中で、以下の点を強調しつつ、「われわれの力でわれわれの教養施設を作ろうではないか」と言う[26]。

> ・民主主義を我がものとし、平和主義と身についた集成とする迄にわれわれ自身を訓練しよう。
> ・豊かな教養を身につけ、文化の香高い人格を作る様に努力しよう。
> ・身についた教養と民主主義的な手法によって、郷土に産業を興し、郷土の政治を立て直し、郷土の生活を豊かにしよう。
> ・しかし乍らわれわれはうっかり依頼心を起こしてはならない。

寺中にとって、公民館は、①社会教育機関、②社交娯楽機関、③町村自治振興機関、④産業振興機関、⑤次世代の地域の担い手養成機関であり、現代社会でも住民自治を土台にした「地域づくり・まちづくり」の拠点となり得る可能性は高いと言えるであろう。

(2) 「一つの大きな社会的力」としての第三次産業社会からの教育的要請

　第二次産業社会の社会的規範価値は「囲い込まれた社会の中での同質性と競争力」の重視であり、「①同質性と協調生」と「②効率主義的競争力」が学校教育に求められた[27]。結果的には「物言わぬロボット人間」を大量に作ることに成功し、これは第二次産業社会、すなわち当時の工業化社会が期待する人材であったことは言うまでもない。これに対して第三次産業社会の中で生成される社会的規範価値は「流動化・開放化社会と自立性・公共性」の重視であり、「①社会の中で自分の役割を責任持って果たしていくことができる個性的能力の育成」と「②価値観の異なる人々との幅広い連携を可能とする公共性の確立」である。そして社会を構成する諸々の組織や機関に対しては「多様性・流動性・開放性」を要求し、組織や機関を担う個々人に対しては「自立性・個性・公共性・連携力」を求めている[28]。

　1990年代に相次いで財界や経済界から出された教育改革に関する提言から

```
                    ●第三次産業が形成しつつある流動化・開放された社会
                      ①個々人が世界とネットワークで結ばれる社会の形成
            変         ②専門性と公益性の高い業種が個々人の生活を基盤に発達
            革         ③労働の自由化・流動化
            を
            要
            求
   ●第二次産業の              ●第三次産業の中で生成される
    社会的規範価値             21世紀の社会的規範価値
  囲い込まれた社会の中で       流動化・開放化社会と自立性・公共性の重視
  の同質性と競争力の重視       ①社会の中で自分の役割を責任持って
   ①同質性と協調生              果たしていくことができる個性的能力の育成
   ②効率主義的競争力          ②価値観の異なる人々との幅広い連携を可能
                                とする公共性の確立

   社会を構成する諸々の組織や機関に対して      組織や機関を担う個々人に対して
    「多様性・流動性・開放性」を要求          「自立性・個性・公共性・連携力」を要求

                    教 育 的 要 請
         ①価値観の異なる人々と幅広い連携を創造していく高い公共性の形成
         ②社会の中で自分の役割を責任持って果たしていくことができる個性的能力の育成
```

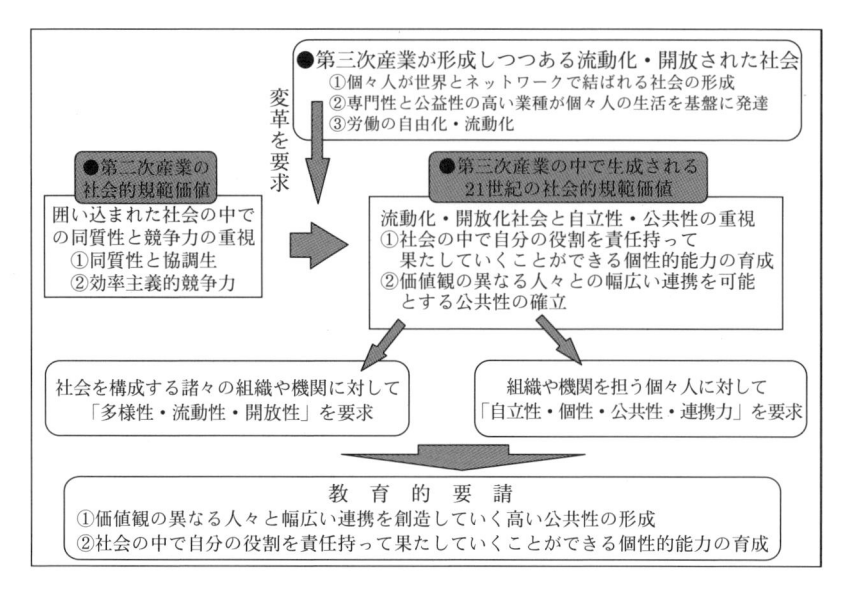

図1-8　第三次産業社会の教育的要請

は、「個性化」とか「自律」さらには「自由な形態の労働力」ということばが頻繁に出されている[29]。第三次産業社会へわが国の産業構造が転換するにともない、企業自身にとっても、生き残りをかけて、これまでの経営方針を根本的に転換せざるを得ないほどの試練に直面していることが理解できる。そこで重要なことは、宮原が言う「歴史的理解」の問題であるが、「個性化」とか「自由化」という言葉が行政によって生涯学習施策の中に登場してくる際に、その背景の「一つの大きな社会的力」を十分理解しないで機械的に反発したり、拒否したのでは、地域社会における住民自治の運動も同じ「社会的力」に直面している現状を正確に理解できなくなってしまうのではないか、ということである。第2章では「新たな公共性の創造と生涯学習」というテーマでこの問題に迫ってみたいと思う。

注

1) 藤岡貞彦・島田修一訳、J. E. トーマス著『日本社会教育少史—イギリスからの観察—』青木書店、1991年。

戦後日本の社会教育法制は、「すべての国民が教育を受ける権利（憲法第26条）」、「教育基本法」、「実際生活に即して、いつでもどこでも、国や自治体は環境醸成の義務（社会教育法第3条）」、「住民参加の原則（第29条）」など今日のハンブルグ宣言に通じる理念のもとに整備され、すぐれた社会教育実践と共同学習を広げてきた。

2) 教育改革国民会議第2分科会の審議の報告（平成12年7月26日）。

3) 教育改革国民会議報告—教育を変える17の提案—。

4) 同上。

5) 酒匂氏は、日本の生涯学習政策は個人からの要求というよりも政治体制としていきなり登場してくると指摘する。そして教育の前面管理として日本型生涯教育が出てくるということは、学校教育と社会教育が分離している現状を改革し、教育全体の統一的制度なりシステムが日本でも求められているからではないか、と言う（日本社会教育学会年報、第16集、1972年、酒匂「中央教育審議会・社会教育審議会答申の生涯学習観」）。

6) 「教育は、不当な支配に屈することなく、国民全体に対し直接に責任を負って行われるべきものである。（教育基本法第10条）」という規定は、国家権力に対する、教育の支配の禁止条項であり、住民自治に基づく教育行政のコントロールまで一律に禁止するものではない、と理解すべきではなかろうか。

7) 一連の社会教育法改正や「生涯学習の振興のための整備に関する法律」の中で、家庭教育やボランティア活動など特定の学習課題について国が基準を設けることについて「現行の憲法・教育基本法の理念に反する」とする論が通説となっている。確かにその通りであり、これに異論を唱える研究者は、憲法・教育基本法擁護論者、「改正」論者ともにあまりいないであろう。しかし、国家が地方行政を掌握しながら国民統制のソフトの部分に施策の照準を合わせつつあることに対して、国家に対する批判だけでは地方行政を地域住民が掌握することは難しいのではなかろうか。つまり住民自治の視点から見るならば、「国民の教育権」論を土台にした「国民形成の教育（上原専禄）」を理論的に構築すると同時に、地域住民が住民自治の担い手として行政へ参画し、自らの教育を選択して決定していく論理を前者と対立させずに構築することが、今日ではいっそう求められている。これは新自由主義者が主張する「教育の私事性」の論理ではなく、憲法・教育基本法制で規定される公教育の枠組みの中で十分可能なことではなかろうか。国家批判の論理は、時として、例えば住民自治を創造していく手段や組織が地域内に不十分であり、差し当たって既存の地域組織や機関に目を向けるしかない住民活動などに対して「冷ややか」であったり、「（行政にくみし、足をすくわれるとして）否定的」な場面が見られる（高橋満「学びの共同性と公共

性」、『月間社会教育』、2001年10月参照）。この点については筆者自身が地方行政の各種委員として行政の施策に参画しつつ、他方では地域において住民自治の確立をめざす運動を土台にした「地域づくり、まちづくりのための地域子育て」や「学校開放」事業にかかわっていく中で感じてきたことである。一言で言うならば、国家批判のみで、地域における住民自治を土台にした具体的地域住民活動を創造する論理なくして地域はほとんど何も変わらないということである。

8) 第5回国会参議院文部委員会、昭和24年5月7日における高瀬荘太郎国務大臣の説明より『社会教育・生涯学習ハンドブック第6版、2003年7月、50～51頁』。

9) 寺中作雄『社会教育法解説』国土社、1995年、14頁。

10) 宮原誠一「社会教育の歴史的理解」、『宮原誠一教育論集第二巻：社会教育論』、国土社、1977年、63頁。

11) 長澤成次「社会教育法「改正」の歴史」社会教育推進全国協議会『社会教育法を読む2003年2月』23頁。

12) 宮原誠一「社会教育の歴史的理解」、『宮原誠一教育論集第二巻：社会教育論』、国土社、1977年、174頁。

13) 第三次産業の中で多数を占めるサービス業や商業を「生産的経済活動」と言うかどうかの学説上の論争については拙論「地域経済の規範価値を創造するサービス業と商業」、新田照夫著『大衆的大学と地域経済―日米比較研究―』大学教育出版、1998年、198～210頁、を参照いただきたい。

14) 私たちの「生活」は経済効率主義者にとっては「無駄」なことでほとんどが占められているかもしれない。例えば、年間を通したいろんな行事や慣習などから生じる「付き合い」や、金銭では計れない人間の信頼関係や愛情関係などの価値を認めることができない人々、あるいはこれらの価値すら金銭的数字で計算してしまう人々にとってはほとんど意味の無い「無駄」なことばかりかもしれない。実際、経済効率が優先されてでき上がった社会は、他方では人々の精神的世界が貧しくなり、すさんだ社会となってしまっていることはほとんどの人々が実感しているところであろう。しかし他方、現代社会では、人々の社会関係や精神的世界を豊かにすることを目的とする産業が発展しつつある。サービス業や商業はこうした目的を設定しなくては成り立たない業種であり、これらの業種が設定する目的（価値）は社会関係で決定される。

15) 第二次産業社会では、「地域活性化」を優先すると「地域の環境や教育などが荒れる」という対立関係、悪循環が全国に見られた。これに対して第三次産業社会では、地域の生産活動と住民自治が結合することによって、形として現れない価値（社会関係）を生産する社会的機能を創造することが可能となる。例えば、地域の歴史とともに発展した地場産業や商店街などが社会教育機関や自治会などと、住みよい地域社会、命の尊厳と人権尊重といった

社会的価値の創造に向けて連携することにより、そうした社会的価値を生産する社会関係を創造することが可能になる。
16) 寺中作雄「公民館の建設」1949年、国土社、198頁。
17) 1966（昭和41）年、中央教育審議会答申「後期中等教育の拡充等について」、「期待される人間像」、1970（昭和45）年「新経済社会発展計画」を参照。
18) 長澤成次、前掲書。
19) 寺中作雄、同上。
20) 東京都教育庁社会教育部「新しい公民館像をめざして」1974年。
21) 小林文人『公民館の再発見』国土社、1988年。
22) 鈴木敏正『自己教育の論理―主体形成の時代に』筑摩書房、1992年。
23) 以下は筆者が20数年間かかわってきた「地域づくり・まちづくり」からまとめたものである。
24) 今日の商店街はそのほとんどがスーパーなどの大型店舗と競争してきた経緯から、住民生活に基盤を置き、これを守り発展させるというよりも、経済効率主義を優先するスーパーの経営方式の影響を強く受けている傾向がある。しかし近年では、「地域づくり・まちづくり」の手法を取り入れ、地域密着型に戻ろうとする商店街も現れている。
25) これについては第2章で考察する。
26) 寺中作雄、前掲書185～202頁。
27) 1966（昭和41）年「期待される人間像」（中央教育審議会答申「後期中等教育の拡充等について」）。
28) 新田照夫「サービス労働が含む新しい形態の労働力とそれが形成する社会的規範価値」、新田照夫著『大衆的大学と地域経済―日米比較研究―』大学教育出版、1998年、225～229頁。
29) 主なものを列挙するなら以下の通りである。これらの提言の分析については、新田照夫、前掲書の第2章を参照いただきたい。
1992年6月：経済同友会『新しい個の育成』
1993年7月：東京商工会議所「我が国企業に求められる人材と今後の教育のあり方」
1994年1月：経団連「新しい人間尊重の時代における構造改革と教育の在方について」
1994年4月：経済同友会『大衆化時代の新しい大学像を求めて―学ぶ意欲と能力に応える改革を』
1994年4月：日経連労働問題研究委員会『深刻化する長期不況と雇用維持にむけての労使の対応』
1994年4月：関西経済同友会「地球時代の新世紀を拓く人づくりを目指して―教育改革への提言―」

1994年8月：日経連「新・日本経営システム等研究プロジェクト（中間報告）」
1994年9月：東京商工会議所「新しい高等教育の在り方についての提言―自主開発型人材の育成と複線型高等教育の構築に向けて―」
1995年1月：日経連労働問題研究委員会『日本経済の再活性化と経営者、労使の課題』
1995年4月：経済同友会『学校から合校へ』
1995年4月：日経連「新時代に挑戦する日本的経営―挑戦すべき方向とその具体策」

第2章

新たな公共性の創造と生涯学習

　前章でも指摘したことであるが、国家が住民生活のすべての面にまで統制力を及ぼさなくては維持できない社会は、他方では一人ひとりの住民の社会的規範力が弱体化しているという意味での社会的危機をも示している。本章では「現代社会において社会的規範価値がどのように存在しているのか」、そして「これに規定される"公共性"の中身が私たち一人ひとりの日常生活の中で今日どのように現れているのか」という点について考察したい。

第1節　社会的規範価値の日本的構造

(1) 「個」と「社会的規範価値」

　私たち日本人社会の「個」と「社会的規範価値」の関係は、欧米型合理主義社会のそれとは異なる独特の構造があるように思われる。図2-1の中にある「(c) 個と社会的規範価値の基本構造」は、個人が社会的規範価値を獲得する際の基本構造を示したものである[1]。すべての個人は精神的内面として「Privateな個の世界」を、そして精神的外面として「Publicな個の世界」を持っている[2]。こうした個人が、獲得したいと思っている「何らかの対象」を自分の精神的世界の外側（外界）に持ったとする。この「外界としての対象（以下単に外界とのみ略す）」を自らの世界の中に獲得することが個人にとって難しければ難しいほど、個人はこの「外界」との葛藤を深め、その過程として「Publicな個の世界」が「外界」との対応経験として成長していく。こうした「外界」

との対応経験としての「Publicな個の世界」は、言い換えるならば、「その個人なりの流儀あるいはその個人に独特の社会性」であり、これがその個人の社会的規範価値の基盤となっていく。したがって、個人が外界との葛藤を放棄したり、あるいはそれから逃避した場合、「社会性」なり「社会的規範意識」が個人の意識の中に育たないことは言うまでもないであろう[3]。

日本の地域社会では元来、個人が外界と葛藤することを避け、「個人の流儀あるいはその個人に独特の社会性」としての「Publicな個の世界」が成長していくことを許さない構造があるように思われる。図2-1の中にある「(a) 個と社会的規範価値：日本」は、個人と個人の関係を決定づける「社会的規範価値」の力があまりにも強すぎて、個人に「社会的規範価値」との葛藤を許さない構造があることを示している。例えば、年功賃金制度や終身雇用制度などといった高度経済成長期に成熟し、その後崩壊してしまった企業の日本的雇用慣行は、自分が所属する個々の企業組織に対する忠誠心を従業員に強制する仕組み

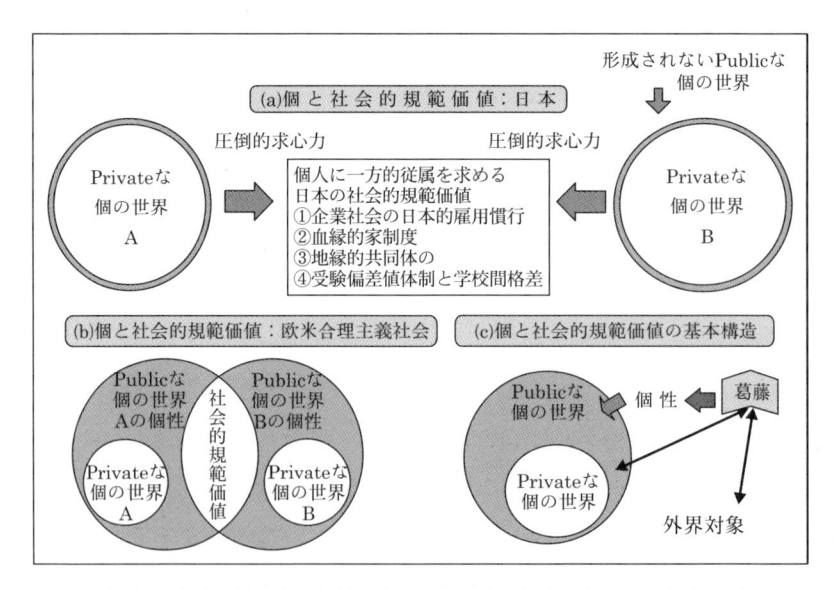

図2-1 「地域社会」とは何か人々を組織し、社会的諸関係の要となる
社会的規範価値（1960年代の高度経済成長期の日本社会を中心に）

を持つ。そしてこれに反したり、個々の企業を超えた組織的抵抗をする場合には、企業内での働き場を失ってしまうことになる[4]。また学校教育の大学受験偏差値体制は、中等教育段階から受験学力によって生徒を振り分け、有名大学進学校と学力底辺校といった学校間格差を作り上げることにより、学歴による社会的階層間格差を生み出し、これがそのまま日本的企業国家[5]の規範価値となった。また惣領制度や家長制度といった血縁的家制度や地縁的共同社会の構造は個人に一方的従属を求める日本の社会規範を形成してきた[6]。

(2) 「社会的規範価値」の歴史的変遷

我が国の地域社会にある「社会的規範価値」は人々の私生活の奥深くまで社会的統制力を発揮する力を有し、これを国家は社会統制力として積極的に利用してきた。以下その歴史的変遷について概説したい。

図2-2は戦前の日本社会において社会的規範価値を担ってきたものについて、その概略を示したものである。主要な経済活動であった農業はそれ自身が地域共同性を内包し、また生産活動の過程から生成された年中行事は、文化の

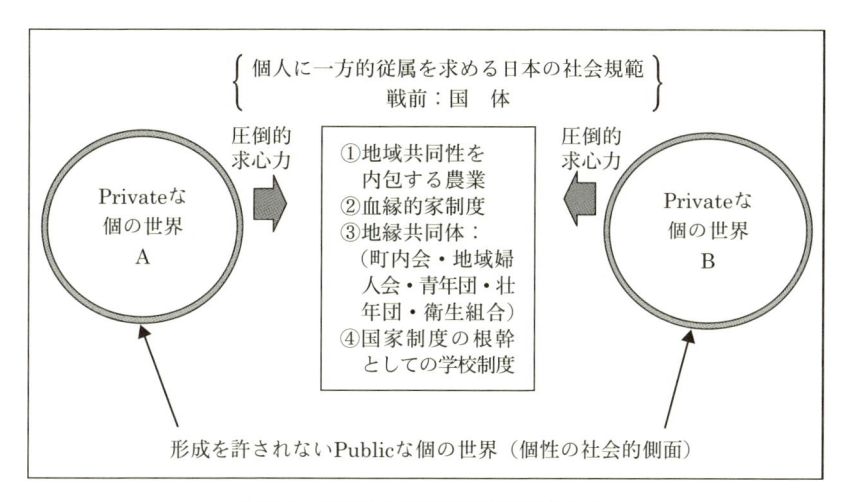

図2-2 戦前社会の規範価値を担うもの

側面から人々を年間を通して私生活にいたるまで組織してきた[7]。また惣領（家長）を中心とする血縁的家制度や町内会・地域婦人会・青年団・壮年団・衛生組合といった地縁共同体も現代社会よりもはるかに強力な社会的規範力を発揮していたと言われている[8]。学校制度は国家の根幹として位置し、治安のみならず社会全体の国体を維持ないし再生産する機能を果たした[9]。

図2-3は占領軍（GHQ）による国体の廃止と規範価値の民主化について示したものである。占領軍による占領政策は公民館を拠点に戦前の国体に代わる戦後日本の社会規範を民主化するための様々な政策が打ち出された[10]。例えば、農業の近代化による農村共同体の民主化政策[11]、家父長制度を廃止することにより血縁的共同社会の民主化の推進[12]、町内会・地域婦人会・青年団・壮年団などが戦前は体制翼賛的組織として地縁的共同体の要の役割を果たしてきたことから、これらの復活を阻止するための民主化政策[13]、そしてアメリカ的6・3制公立学校制度の導入による戦後民主教育の開始[14]などがそれに当たる。しかしながら、こうした一連のGHQによる占領政策は、個々の国民の主体性に支えられて出発したというよりも、GHQによって上から降ろされてきた政策

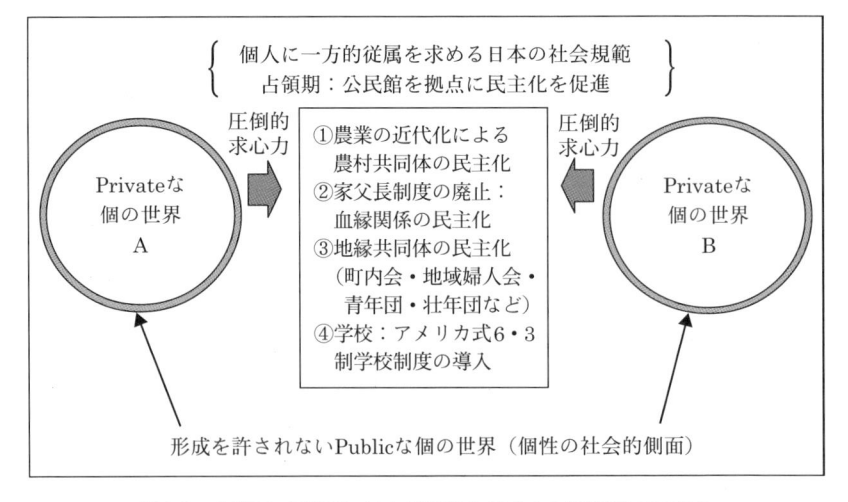

図2-3　占領軍（GHQ）による国体の廃止と規範価値の民主化

としての性格が全体として強かったため、戦前からの「個人に一方的従属を求める日本的社会規範」という枠を超えることの無い民主化政策にとどまったのではなかろうか。したがって、「Public な個の世界（個性の社会的側面）」は国民一人ひとりの意識の中に十分形成されないまま、高度経済成長政策に引き継がれていくこととなった。

　高度経済成長期の「個」と「社会規範」との関係については既に述べたのでここで再度繰り返すことは避けたいが、「個人が外界と葛藤することを避け、"Public な個の世界"が成長していくことを許さない」という日本社会に独特の規範意識は巧みに利用され、欧米社会には見られない日本型の家族主義的第二次産業社会（工業化社会）が作り上げられた点については強調したい。ところで工業化社会というものは、その社会的規範の構造が日本的であるか、欧米的であるかに関係なく、工業化される以前の農業社会が形成してきた地域的共同性を崩壊していく。そして、一度この共同性から解放された農民を再度工場労働者として組織し直すために、工業化社会は新たに社会的規範を再編する必要に迫られることになる。「経済効率性」という理念はこうして第二次産業社会の社会的規範価値として生み出されてきたものであると言えよう。

　しかしながら、バブル崩壊後、第二次産業社会に代わる第三次産業社会が台頭してくるにともない、「経済効率性」という理念は社会の様々な部分において不適合性を示すようになってきた（図2-4参照）。例えば、経済の部門では労働力の個性化・流動化に対応した経営が企業の生き残りをかけて求められるようになり、かつての日本的雇用慣行を採用する企業は今日ではほとんど見られなくなった[15]。また経済効率性によって崩壊してしまった血縁・親類縁者の共同性は、家長や族長を中心とした血縁関係よりも個人の協同的家庭生活として関係を再編せざるを得なくなっている[16]。都市部を中心に希薄化しつつある町内会や自治会といった地縁的共同性は、住民一人ひとりの「個人」としての自治能力を基盤にした地球規模のネットワークの中で地域を再生していく取り組みが求められようとしている[17]。教育においては深い思考力と総合的判断能力

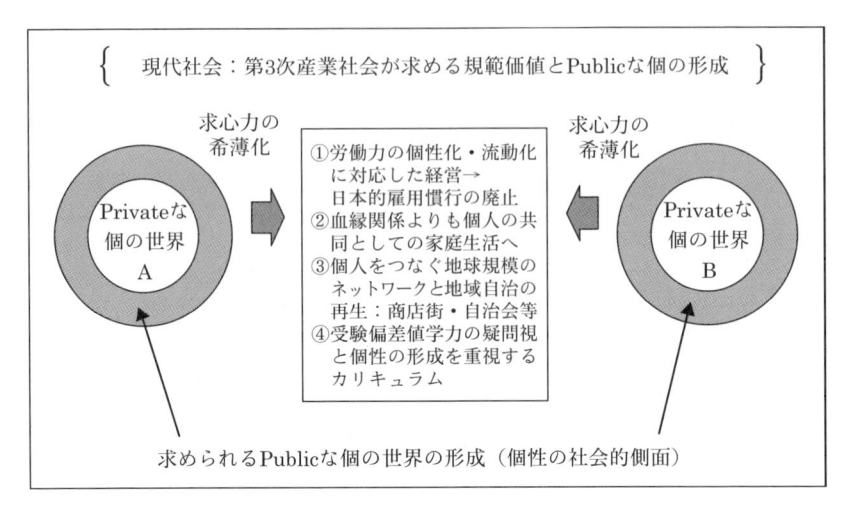

```
┌─────────────────────────────────────────────────────────────┐
│   { 現代社会：第3次産業社会が求める規範価値とPublicな個の形成 }   │
│                                                             │
│      求心力の         ┌──────────────┐       求心力の        │
│      希薄化          │①労働力の個性化・流動化│      希薄化         │
│    ╭─────╮         │ に対応した経営→      │    ╭─────╮        │
│   ╱ ┌───┐ ╲        │ 日本的雇用慣行の廃止  │   ╱ ┌───┐ ╲       │
│  │ │Privateな│ │  ⇒ │②血縁関係よりも個人の共│ ⇐ │ │Privateな│ │   │
│  │ │個の世界 │ │    │ 同としての家庭生活   │   │ │個の世界 │ │   │
│  │ │  A   │ │    │③個人をつなぐ地球規模の│   │ │  B   │ │   │
│   ╲ └───┘ ╱        │ ネットワークと地域自治の│   ╲ └───┘ ╱       │
│    ╰─────╯         │ 再生：商店街・自治会等│    ╰─────╯        │
│         ╲          │④受験偏差値学力の疑問視│         ╱          │
│          ╲         │ と個性の形成を重視する│        ╱           │
│           ╲        │ カリキュラム        │       ╱            │
│            ╲       └──────────────┘      ╱             │
│             求められるPublicな個の世界の形成（個性の社会的側面）    │
└─────────────────────────────────────────────────────────────┘

          図2-4　個人に一方的従属を求める日本的社会規範の崩壊
```

が専門職に求められるようになり、マニュアル人間を育成しがちな受験偏差値学力が疑問視され始めている。そして個性と社会性あるいは公共性の育成をめざすカリキュラムが学校教育の中で重視されるようになってきている[18]。

(3)　「個と社会的規範価値」の日本と欧米との比較

　図2-4は個人に一方的従属を求める日本的社会規範が現代社会では崩壊しつつあることを示したものである。同図で注目すべき点は「Publicな個の世界の形成（個性の社会的側面）」が求められるようになってきている点である。そこで、「Publicな個の世界の形成」を土台にして成り立っている欧米合理主義社会の社会的規範価値について考察してみたい。

　欧米合理主義の社会は、成育史の過程で外界との様々な葛藤を通して「個人なりの流儀あるいはその個人に独特の社会性」を獲得し、それを積み上げて「Publicな個の世界」を豊かに形成していかなくては生きていくことが困難となる社会だと言ってよいであろう[19]。そして個々の「Publicな個の世界」がお互いに重なる部分に社会的規範価値が生成していることを図2-5は示してい

る[20]。こうした個性を土台にして形成される社会的規範価値は「個」と「個」の社会的結びつきを、ある意味では運命的な結合と言ってよいほど強力なものにしていく。こうして結ばれた社会では、個々人は自分の社会的存在をかけて、あるいは自分の社会的存在を証明するために「社会的規範価値」を守り、大切にしようとする[21]。

　しかしながら、個々人を強烈に結合していく欧米合理主義社会の社会的規範価値は、国家を形成しにくい性質を持っている。例えば民族的対立、宗教的対立さらには人種的対立が社会に存在する場合、相対立する民族間、宗派間そして人種間において、お互いに共有し得る社会的規範価を形成することが困難になってくる。こうした意味では、個々人のつながりよりも国家としての統一が優先されてきた日本社会は、欧米合理主義社会から見れば、特殊な社会であったと言えるかもしれない。

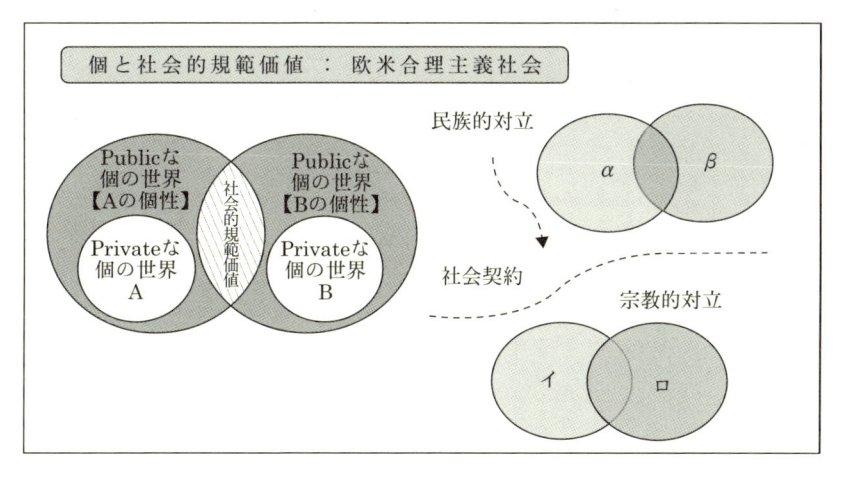

図2-5　人々を組織し、社会的諸関係の要となる社会的規範価値
（欧米社会を中心に）

　個々人のつながりよりも国家としての統一が優先されてきた日本社会と、国家としての統一よりも個々人のつながりが優先される欧米合理主義社会の違いは、自然観あるいは社会観の違いとして示される。欧米合理主義社会では個々

人の関係は神を介在する直接的（運命的）関係として無条件に受け入れられ、社会的規範価値はこの部分に発生する（図2-6参照）。しかしながら、社会的規範価値を共有し得ない不特定多数との関係は国家を介在する「社会的契約関係」としてとらえられる[22]。これに対して、日本的社会規範価値では自然界を支配する者（神）をどのように見るかという「自然観」と人間社会を支配する者（国王・国家）をどのように見るかという「社会観」とは、同一の「規範価値」として民衆にとらえられている。言い換えるならば、日本社会で人々が持つ規範意識は、神と国王あるいは国家が同一のもの（現人神）としてとらえ、自然観と社会観両方の精神的意識から直接的支配の関係を受け取る構造を持っている[23]。

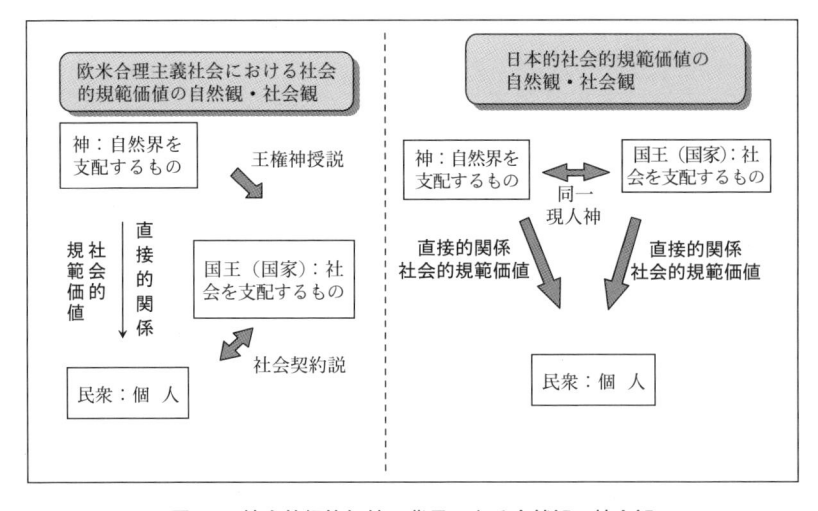

図2-6　社会的規範価値の背景にある自然観・社会観

こうした「自然観」と「社会観」を日本人が持つようになった背景には日本に独特の農業観があったように思われ、それは年中行事の中に垣間見ることができる。例えば晩春にかつてはよく見られた「水口祭」という行事は、3つの社会的意味を持っていたと言われている[24]。第一は、ため池から田植え用の水

を引く際に山の神が田の神と入れ替わるという文化的年中行事の意味を持つ。第二に、文化的年中行事とは言え、これは農業という生産的経済活動の重要な一環でもある。さらに、ため池から春の暖かい日光が十分当たった肥沃な水を田植え用に引いた場合と、蔭の痩せた水を引いた場合とでは秋の米の収穫に大きな差が出ることから、時には水をめぐって争いが生じかねないところであるが、「水口祭」という行事を厳かに執り行うことにより、争いを避けて平和的に水を配分するという自治機能としての政治的組織活動の意味を持つ。同じものにもかかわらず、見る視点によって3つの姿として現れるものを本書では日本における「社会的規範価値」と規定することにしたい（図2-7参照）。そしてそれぞれ3つの側面は「社会的規範価値」を実現するために機能している。例えば、生産活動としての農業は「生産」そのものが目的と言うよりも、社会的規範価値を実現するための生産活動であることから、大地が保有する自然力を搾取し切る効率性優先の大規模生産活動ではなく、日本の自然条件にうまく合致した合理的農業が日本では発達した[25]。また文化活動としての年中行事は何世代にもわたって「社会的規範価値」を引き継ぎ、また再生産していく役割を果

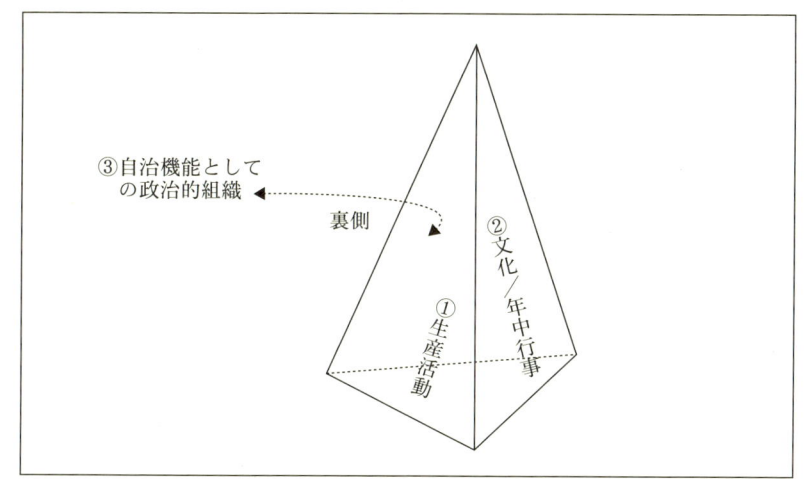

図2-7　社会的規範価値の3つの側面：日本

たした。さらに自治機能としての政治的組織活動の役割を持つ祭りは「社会的規範価値」を管理し、実施していくための役割を果たした[26]。このように、日本社会に独特の「社会的規範価値」は人々の自然観と社会観全体に統一した世界観を形成し、を政治・経済・文化といった民衆の私生活全面にわたり大きな影響力を及ぼしていった。民衆が日常生活の中で形成していったこのような社会的規範価値観は日本の国家によって社会統制のイデオロギーとしていつの時代にも常に利用されてきたと言うことができよう。

こうして日本の地域社会では、個人が外界と葛藤することを避け、「個人の流儀あるいはその個人に独特の社会性」としての「Publicな個の世界」が成長していくことを許さない特性を帯びることになり、こうして形成される「社会的規範価値」の力があまりにも強すぎることから、個人に「社会的規範価値」との葛藤を許さない構造を作ってしまうのではないかと思われる。

このように、個人に対して圧倒的な社会的統制力を及ぼす社会的規範的価値の構造は、日本社会に独特の「家制度」を生み出すことにもなる。本来、家長を中心とする血縁共同体（生得的関係）と地域共同性を中心とした地縁共同体は合入れない関係にあることが多いにもかかわらず[27]、日本においては男尊女卑の思想を中核に据えることにより、地縁と血縁が重なる家制度ができ上がった歴史を持つ（図2-8参照）[28]。こうした家制度は国家により、個人に一方的従属を求める日本の社会的規範価値の原型として、社会のあらゆる部分に貫徹していくことになる。「①企業社会の日本的雇用慣行」「②血縁的疑似家制度としての企業社会」「③地縁的共同体としての社宅企業社会」「④受験偏差値体制によって国公立大学と私学との間の大学間格差を作り、学歴における格差がそのまま企業社会の社会階層的格差につながっていく公教育制度」といった第二次産業社会が生んだ社会的規範価値は、こうした日本社会に独特の規範的価値観を土台にして形成されたものであったと言うことができよう。

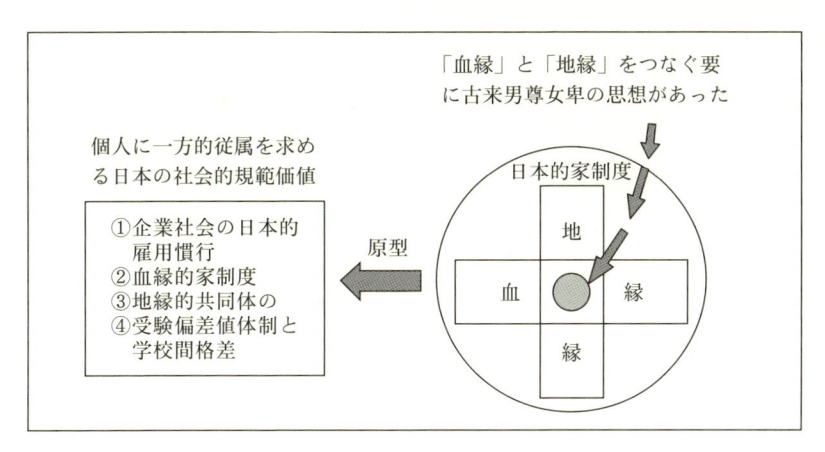

図2-8　地縁／血縁を土台に成り立つ日本の家制度

第2節　国家に直接結びつく「公」概念の希薄化と「新たな公共」空間の登場

　ある社会において「社会的規範価値がどのような構造を有しているか」ということは、その社会において「公共性の中身がどのように現れているか」ということを大きく決定する。前節では、社会的規範価値が日本社会の中でどのような構造として現れているかという点について考察した。そこで本節では、日本的社会規範価値の特徴に規定される「公共性」の中身と「それ（＝公共性）を獲得することにより主体形成を遂げる」という意味での「主体形成」について考察したい。

　これまで「公共性」は日本社会では地域住民一人ひとりの「主体形成」と対立関係にあったと言わざるを得ない。しかし、現代日本社会では「何をもって主体形成を遂げたと言えるのか」あるいは「何をもって自己実現を遂げたと言えるのか」という意味を明らかにする上で「公共性」の中身が非常に重要になっているように思われる。こうした「新しい公共性」はいったいどのような「公共空間」に現れつつあるのだろうか。

現代日本の社会では、以下の領域が「新たな公共空間」として無視できなくなりつつある。

> (1) 国による規格あるいは基準行政では対応がますます困難になっている領域。例えば多様で個性的な地域的ニーズあるいは個々人の生活ニーズに対応した行政サービスの領域など
> (2) 民間活力の導入による採算性や経済効率性では対応が困難になっている領域。例えば環境・福祉・教育など利益があまり期待できない、しかし生活には欠かせない領域など。

現代社会では上に挙げた2つの領域は、具体的事例をあげれば数限りないほど拡大しつつあるのように思われる。

(1) 規格・基準行政からの解放と社会教育を通した新しい公共性の広がり

平成に入って全国で推進されてきた市町村合併の目的は、地方行政のサービスが届きにくくなったこうした新しい公共領域をカバーするために、地方行政の基盤を強化し、地方分権を推進することにあったと言われている[29]。合併によって地方分権が実現するかどうかについての評価は本節の目的ではないので触れないことにするが、合併にともなう議論の中に、地方行政に求められる施策として「行政の効率化[30]」があるという点については、「新たな公共空間」がなぜ生じたかという理由を考察するために重視したい。

「行政の効率化」とは、端的に言うならば「行政を推進する上で無駄をなくする」ということであろう。そこで問題になるのは「どういう目的にとって無駄なのか」あるいは「誰にとって無駄なのか」ということである。つまり前者については「国家の財政危機に対処する」という目的にとっての「無駄」であり、後者について「行政側」の都合から見た「無駄」ではなかろうか。地域住民側にとっての「無駄」ではないことは容易に想像できる[31]。

行政というものは法の定める基準に基づいて施策を策定し、その施策にした

がって行政サービスが施行されることから、サービスの内容あるいは結果は「規格品」になることは避けられない。言い換えるならば、合併による行政の広域化によって、個々の地域の特色や住民生活の多様性に対応したきめ細かな行政サービスはますます困難になりつつあり、そこからこぼれ落ちていく公共領域は拡大しつつあるのではないかということである。例えば、社会教育の領域では公設公民館の統合・縮小そして広域化という形で効率化が進行し[32]、これらに対しては様々な批判も出されている[33]。しかし「新たな公共性」の視点から見るならば、行政の効率化はそこからこぼれ落ちていく公共領域に対する国の（公共性を独占してきた）権力の放棄であり、国家による規格・基準行政からの解放でもある、という見方も可能ではなかろうか。さらに言うならば、「個々の地域の特色や住民生活の多様性に対応したきめ細かな行政」という公共領域は、国家による全国一律の基準・規格行政になじまない領域であり、本来ならば、住民自治を土台にした住民自身の主体的行政コントロールによって維持・管理されるべき領域である。そしてその際に、国家による規格・基準行政のコントロールのもとにある公設公民館や生涯学習施設よりも、自治公民館あるいは町立公民館における地域住民の主体的社会教育・生涯学習活動の果たす役割の方が重要になってきているのではなかろうか。しかしながら「自治公民館」は地域の財産であることから、これまで「行政施策の下請け的役割」を受け入れることは理念として否定的な風土があった。これは公共領域を行政が独占していたことに起因する個々の住民意識の公共性に対する希薄化あるいは反発の現れでもある。ところが今日では生活領域における「新たな公共性」の部分を、「公共領域は行政の仕事＝税金でまかなうべき」として自主的にかかわっていくことを拒否する行政依存的意識ではなく、「"新たな公共領域"の問題は住民として自分達自身の問題であることから、自分達の主体的活動によって担っていくべきである」という意識が広がりつつある[34]。こうした新しい公共意識と活動は今日では住民自治を実現していくために欠かせないものとなりつつある。

住民自治の有力な基盤として「自治公民館」を位置づけることにより、公的社会教育あるいは生涯学習を住民自治の実現のための有力な基盤に変えていくことができる可能性が開かれる反面、国家がこの領域に何らかの形で介入することにより、「自治公民館」が自治組織としての機能を解体させられ、国家の末端組織に変貌する危険性も同時に現われている。そこで今後の争点は、地域住民が住民自治を守り発展するために「新たな公共領域」を、主体的「社会教育・生涯学習」活動によって担おうとする公共意識を高めるか、あるいは単なる行政の下請けあるいは翼賛会的組織に成り下がってしまうか、というところに絞られてくるのではなかろうか。その際、生涯学習は、国家と地域住民の間にあって、その内容がどちらの方向に向くかによって決まってくるという極めて微妙な位置にあると言うことができよう[35]。言い換えるならば、伊藤恭彦が言うように、「個人の選択を尊重しながら、その行き過ぎを規制するための国家あるいは"公"[36]」の末端として生涯学習が機能し始める危険性もあるということである。

　「新たな公共性」の部分を「住民として自分達自身の問題であることから、自分達の主体的活動によって担っていくべきである」という意識を住民の間に広げていくに際し、公民館の主催講座などで実施されている「生きがい・趣味講座」の改革は大きな課題になっているように思われる。すなわち、これらの講座の多くは、年数を経るにつれ参加者の固定化（同好会的集団化）、講座の閉鎖性・高齢化という傾向にあり、こうした現状は、公設公民館が国家による規格・基準行政のコントロールのもとにある限り、公民館講座の公共性を危うくする要因になっていると言わざるを得ない。その理由としてまず第一に、規格・基準行政のもとで公共部門を行政が独占する限り、公民館主催講座の企画から提供までの過程のすべてを行政が仕切ることになり、結果的に、講座参加者に「お客様」意識を浸透させ、住民自治の担い手を育成することを阻害してしまうことになっていることをあげなくてはならない。次に第二の理由として、地方行政に地域住民が参画することについて、国家は警戒するよりもむし

ろそれを積極的に導入したいと意図していて、しかも「住民による地域自治」の方向に向かわないように「ソフト」の部分の統制に照準を合わせつつあることを指摘したい[37]。むしろ第二の理由は、日本において生涯学習政策が政策課題として急がれている大きな理由の1つになっていると言わざるを得ない。すなわち、生涯学習は学校教育以上に、法制度における関連領域を、教育の領域を超えて一般行政の領域にまで広く含み[38]、そのことが教育基本法制の外側から国家が住民の学習活動をコントロールしやすい突破口にあるからにほかならない。生涯学習は国家から見るならばそのための有効かつ有力な手段として重視されているのであり、「社会教育の生涯学習化」によって「社会教育の国家化」をめざそうとしていると言ってもよいであろう。1980年代はまさに国家のこうした戦略が本格的に開始した時期だと言うことができよう。

　住民自治を土台にした「地域づくりの拠点」として公民館を位置付ける視点から見るならば、教育行政以外の一般行政部門から「社会教育」との連携を強め、他省庁の取組みと関連しながら諸々の施策が展開することは、地域づくりのために重要になりつつある。こうした意味では臨時教育審議会答申の生涯学習政策や生涯学習振興法は時代の普遍的要請を反映した矛盾の産物であると言うこともできよう[39]。地方行政への住民参加を財源の不足部分を「補う」レベルにとどめるのかあるいは住民自身による地域自治へ開いていくのかは、住民の自治能力によって今後格差が出てくるものと思われる[40]。以上の考察をまとめるならば以下の通りになる。

「公共性」とは
① 理念としては「"主体形成"とは対立関係にない」という社会的規範性の事を言う。
② 実践としては「国家の財源不足を補う下請け的役割ではなく、住民自治を土台にした住民自身の管理・運営によって"新しい公共領域"が維持・管理される」という社会的規範性のことを言う。

(2) 採算性や経済効率性では対応が難しい生活領域に対応する新しい住民自治の広がりと社会教育──求められる、古い共同体性に癒着する権威主義的社会規範からの解放

　国家が、「新しい公共領域」において責任を放棄しようとする背景には、単に国家の財政的危機だけではなく、産業構造の転換にともなう「社会のグローバル化と多元的価値化」に対して従来の国家の枠組みがもはや対応し切れなくなってきていることを上げなくてはならない。したがって、財政的危機をもたらした国家を批判し、公共サービスに対する国の責任を追求するだけでは、「新しい公共領域をどのように支え、管理していくか」という見通しは必ずしも見えてこないのではなかろうか。

　「新しい公共領域」において、責任を放棄せざるを得ないところまで国家を追い込んでいる「社会のグローバル化と多元的価値化」の力は、「民主主義に新しい活力を与えるエネルギー（伊藤恭彦）」に転化する可能性があるのではないかという意見もある[41]。言い換えるならば日本的資本主義の発展は共同体的要素によって補完されてきたと言われているが、資本主義がさらなる展開を遂げるためには、この共同体的要素を土台にしてきたこれまでの国家の枠組みが障害になりつつあり、これを解体しようとしている力が「社会のグローバル化と多元的価値化」ではないかということである[42]。こうした転換期の社会が旧社会に及ぼす力は、経済効率主義が社会的規範価値であった第二次産業社会の「不透明で不公正」な部分を許さない新しい社会を形成しつつあり、「行政と癒着してきた共同体的要素の中の特権的部分（地域社会の有力な行政関係団体や機関などと行政との利権構造）」を解体し始めている。こうした意味では伊藤氏の指摘は「新しい公共領域」において住民自治が行政的権限を掌握し、「公共空間」としてふさわしいものになっていく可能性を示唆するものとして興味深い。

　しかしながら、「新しい公共領域」における国家の権限放棄が必ずしも自動的に「新しい公共空間」として住民自治が実現していくことにつながるわけで

はなく、個々の住民の社会規範力が形成されることが求められることはいうまでもない[43]。そしてそれは必ずしも欧米合理主義に見られる近代化あるいは市民社会を真似る方向ではなく、共同体的要素の中の特権的部分が解体しても残る部分（これが第１章にもある「生活の論理」で説明される部分）を住民自治の論理でどう再編し直すかという方向になっていかざるを得ないのではなかろうか。これを「住民自治の形成を担う主体の形成」という観点から見るならば「公共性の実現のための"学び"」の組織化が不可欠であり、それは「生活の論理と公共性の論理を結合させる学習論の模索」と言い換えることもできる。ここで鍵になるのが、「これまでの公＝国家」と「新しい公共＝私・住民生活」を区別する「主体の形成を前提とした公と私の関係」の創造である。行政と癒着してきた共同体的要素の中の特権的部分を解体することが困難であったこれまでの社会的状況が、産業構造の転換によって一変し、行政の側から共同体的要素の中の特権的部分（癒着部分）を放棄せざるを得なくなっている今日、個々人の主体形成につながる住民自治を実現することが現実味を帯びてきたというわけである。こうした中で「新しい公共領域」における住民自治を土台にした「公共性の実現のための"学び"」が新しい社会のキーワードとなってくる。

　こうした現代社会の動向に対して国家の側からは、個人の選択を尊重しながら、その行き過ぎを規制するための国家あるいは「公」の実現のために「管理された生涯学習政策」が急がれている。このように国家の側からも「公共性と学習」がキーワードとなっているのであり、「地域づくりと生涯学習」などが政策として出されてくる[44]。

　先述にもあるように、「生活の論理」とは経済効率性では説明できないもの（あるいは非効率的で無駄なものと見なされてきたもの）が大部分を占めていて、しかも今日では規格・基準行政でも対応し切れない公共領域として拡大しつつあり、これが欧米合理主義からは「非近代的」と批判されてきたそのものでもある。生活のこの部分について宮本憲一は吉田千秋との対談の中で、「日本の地方自治はそのムラ的共同体の論理により非近代的と批判されてきたが、

近代化にともなう国家と地方の猛烈な摩擦を緩和してきたのではないか[45]」と述べ、日本的公と私の関係の中で、私的管理に転換する装置としての日本的公共管理社会の論理が「新しい公共領域」の管理を信託する論理として引き継がれる可能性があることを指摘する。言い換えるならば、公共サービスの消費者である住民自身がかつての生活共同性を再編し、自らが自らを再組織化する力をつけることにより「新しい公共性」を創造し、自らに対してサービスを生産・提供していく主体になっていく可能性が現実味を帯びてきたということである。

以上の考察をまとめるならば以下の通りになる。

「主体形成」とは
① 社会的規範意識の形成：
　　「新たな公共領域」の問題は住民として自分達自身の問題であることから、自分達の自治的活動によって担っていくべきである」という社会的規範意識が形成されていること。
② 社会的規範価値の形成：
　　「これまでの公＝国家」と「新しい公共＝私・住民生活」を区別する「公と私の関係」を創造する社会的規範価値が形成されていること。
③ 公共サービスを生産し、提供していく主体になっていくこと：
　　公共サービスの消費者である住民自身がかつての生活共同体を再編し、自らが自らを再組織化する力をつけることにより、自らに対してサービスを生産・提供していく主体になっていくこと。
④ 社会規範を再編あるいは再生する「役割」と「場」を有していること：
　　共同体的要素の中の特権的部分が解体しても残る「生活の論理で説明される部分」を住民自治の論理で再編あるいは再生することができる自らの「役割」と「場」を有していること。

(3) 公共性をめぐる欧米の学説から導き出される「新しい公共性」

　ハーバーマスは『公共性の構造転換』の中で、市民的公共性を積極的に評価し、自由な市民によって自由に討論することにより、権力を批判する領域としての公共性を考えている[46]。またカントは『啓蒙とは何か』の中で、「公表した著述を国家の監視下に置く」などによる「公共性の支配」に対して批判を行い、18世紀の市民社会が育んだ公共性をこれに対置している[47]。ハーバーマスがカントから得た公共性についての概念は「公衆一般に向かって、著述や論文を通じて時節を主張する自由」であり、「自分の理性をあらゆる点で公的に使用する自由」である[48]。1870年代（前期資本主義社会）以前の市民的公共性が持つ「自由な意思に基づく非国家的・非経済的な結合」から国家に対する「批判的公共性」を導き出そうとするものであった。こうした意味では、本書の「生活の論理」の中から社会規範を創造していく活動を主体形成の過程としてとらえる論理と通じるところがある。

　しかし国家を「疎外された共同利害」と見、個人と対立させる限り、近代市民社会は、後述にある「社会的規範性を失った個人」の集合としての「アナーキー社会」に映ってしまう。そこで斉藤純一は「互いに抗争する三つの公共性」として、「①公共性＝国家、②公共性＝すべての人々に共通に関係するもの、③公共性＝だれに対しても開かれているという意味」を上げている[49]。斉藤純一の言う「互いに抗争する三つの公共性」論は、本書が取り上げている「新しい公共性」を説明するために有力な論拠を提供しているように思う。すなわち、「三つの公共性」が互いに抗争した結果、残渣として国家により放棄されようとしている領域が「新しい公共性」の領域であると言うことになる。池上淳は「新しい公共性」の領域について、「現代日本の社会は必ずしも平均化によって西洋的私的固有性が失われ、生産力の拡大によって公的領域が拡大した社会ではなく、国家的公的領域と効率的大量生産領域が届かない"新しい公共社会"と見るべきではなかろうか」とさらに明確に説明している[50]。

　欧米の近代市民社会では、かっての「私人」が産業資本家として次第に台頭

し、自然や交通事情に恵まれ経済的に発達した富裕な都市を形成し、そこで合理的精神に基づく経済上の伝統主義から脱却した新しい市民社会を生成していった。彼らの多くは宗教上の伝統にも懐疑をいだくようになり、こうした新しい倫理観に基づく「公共＝国家」が形成されていった[51]。

　しかし日本社会では、「官立を起源とする財閥や大企業」が示すように、近代産業資本家は近代以前においても必ずしも「私人」ではなく、「公共＝国家」としての性格を帯びていたことを忘れてはならない。すなわち日本では、近代国家は当初より「官僚制＝公共国家」としての性格を強く帯びていて、公権力に支配される民衆からはいっそう疎外された公共となったのではなかろうか（図2-6参照）。したがって民衆からは私生活と公共の区別が不明確になり、私生活の奥深くまで国家により強く管理されるようになるのである。他方、公共権力の所有者にとっては公私の区別が明確になり、M．ウェーバーが言うような国家による私的財産の剥奪、すなわち公共の私物化が欧米の近代市民社会よりもいっそう容易であったのではなかろうか。「第2章第1節、社会的規範価値の日本的構造」にある「図2-6：社会的規範価値の背景にある自然観・社会観」は、このことを図式化したものである。

　したがって、我が国の民衆にとって「公共性の実現」は、国家の及ばない部分、すなわち国家が権力を放棄しつつある「新しい公共空間あるいは公共領域」から始まらざるを得ないのである。しかし国家による私的財産の剥奪が徹底して行われた残渣としての「新しい公共空間」では、民衆はこれを維持・管理する社会的規範力をほとんど持ち合わせはおらず、自らが自らを再編あるいは組織化していく力を育成することから始めなくてはならないのである。日本において地域住民が直面する現状とはこのようなものであり、また「新しい公共空間」の維持・管理のため社会教育が重要になってくる理由はここにあると言えよう。

注

1) 新田照夫『大衆的大学と地域経済』187頁。
2) これについてはいろいろな解釈があろうが、論理を進めるにあたって、本書ではこのようにとりあえず設定しておくことにする。
3) 学校教育の内容が国家によって強力に統制されている日本の場合、個々人が国家の社会的規範に忠実な「国民としての社会性」を育成し、またこれとは反対に、国家の社会的規範に反する「個人としての主体性」が育たないようにするために、「Public な個の世界の育成」は学校の教育課程からは徹底的に排除されることになる。
4) 過去3年間において労働争議があった労働組合の割合。

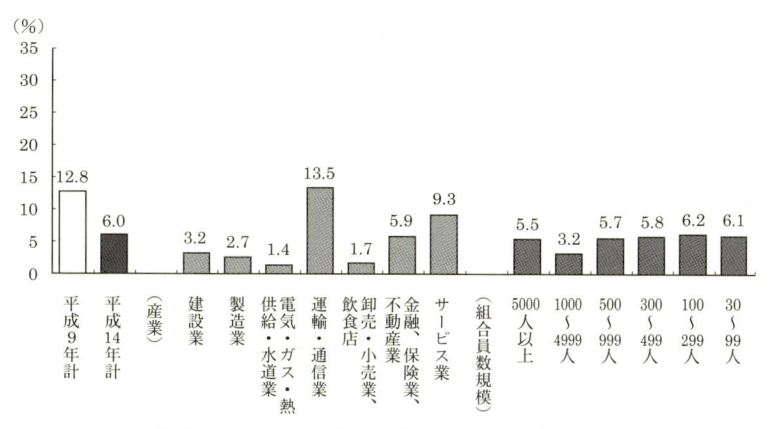

図　過去3年間において労働争議があった労働組合の割合

区分	割合(%)
平成9年計	12.8
平成14年計	6.0
建設業	3.2
製造業	2.7
電気・ガス・熱供給・水道業	1.4
運輸・通信業	13.5
卸売・小売業、飲食店	1.7
金融・保険業、不動産業	5.9
サービス業	9.3
5000人以上	5.5
1000〜4999人	3.2
500〜999人	5.7
300〜499人	5.8
100〜299人	6.2
30〜99人	6.1

　労働争議統計調査年報告では、多くの要求事項を持つ争議については原則としてそのうち「最も重要なもの1つを取り上げて」分類集計してある。そこでその主要要求事項別争議件数を見ると（第92表）、「賃金および手当」関係が4,174件で要求事項総数の61.3%を占めて最も多く、その内訳では「賃金増額」要求が3,236件と全体の5割弱に及んでいる。また前年に比べると「解雇反対・被解雇者の復職」（23.1%増）などで増加しており、福利厚生・安全衛生等を含む「その他（給与と労働時間以外）の労働条件」（54.0%減）などで減少している（日本労働年鑑第52集1982年版、法政大学大原社会問題研究所）

5) 乾彰夫、新田照夫「共通一次試験は高校にどんな影響を及ぼしたか」、日本教育学会入試制度研究委員会編『大学入試制度の教育学的研究』東京大学出版会、313〜323頁。
6) 守本順一郎『日本思想史の課題と方法』新日本出版社、1974年、115〜136頁。
7) これについては後程考察する。

8) 石田雄『近代日本政治構造の研究』未来社、1979年、43～50頁、102～103頁。
9) 大槻健『学校と民衆の歴史』新日本出版社、1980年7月、134～138頁。
10) J. M. ネルソン著、新海英行監訳『占領期日本の社会教育改革』大空社、1990年3月、118～123頁。
11) 宮原誠一編『農業の近代化と青年の教育』農山漁村文化協会、1976年10月、9～14頁。
12) J. M. ネルソン著、同上、71～73頁。
13) J. M. ネルソン著、同上、89～92頁。
14) 三羽光彦著『六・三・三制の成立』法律文化社、1999年3月、349～350頁。
15) 労働大臣官房政策調査部『日本的雇用慣行の変化と展望』1987年2月、10～21頁。
16) 内閣府男女共同参画局「男女共同参画社会基本法」平成11年6月23日。
17) 全国各地で盛んに取り組まれている環境問題は、一人ひとりが、経済効率主義に基づく大量消費型から限られた地球上の自然や資源を自己管理していく生活スタイルに転換することを求めている。
18) 現代社会では、マニュアル的な技術者よりも、現場の状況に応じた柔軟な判断力や、できる限り幅広い総合的な思考力を備える専門性が求められるようになっている。このような専門性は、子どもの頃の早い段階から日常の一つひとつの生活場面の中で、系統的な学習を経験することにより、個性と社会性がバランスよく成長させることが重要である。今日学校教育の中で総合的学習など様々な工夫がなされている。
19) ヴァレリーは「人間の中には、自己自身や自分の眼や手を統率でき、特化され組織化された人たちがいて……こうした芸術家や詩人は、自然や社会の現象に対して自分の感性などにより獲得した独特の世界を、普遍的な言説の世界に流し込んで正当化することにより、普遍的価値を生み出す」と言う。ヴァレリーの描く合理主義の精神的社会は、「個人の流儀あるいはその個人に独特の社会性」を獲得し、それを積み上げて「Publicな個の世界」を豊かに形成してく社会だと言ってよいであろう。ポールヴァレリー著、東宏治・松田浩則編訳『ヴァレリー・セレクション上』平凡社、2005年2月、195～215頁。
20) 市民権というものは多くの場合、社会のコモンズとしての内容になっている。そして社会人あるいは「大人」としての条件を満たしていることを、個々の「Publicな個の世界」がお互いに重なる部分に社会的規範価値が形成しているとして証明することが求められる。
21) こうしたことを意味する言葉として欧米のプロテスタント教会の風土の中で生成した「博愛(philanthropy)」精神というものがある。これは19世紀の後期産業革命の中で特に「人と企業の社会貢献」の中で現れ、その代表的人物としてアンドリュー・カーネギー(Andrew Carnegie：1835～1919年)がいる。彼は「鉄鋼王」として知られ、生涯を通

じて、3億5,000万ドル以上を教育、文化そして平和機関に寄贈しており、それらの多くの施設には彼の名が冠せられている。
22) 下川潔は、ジョン・ロックの公共善を取り上げながら「公共性は、諸個人の善を加算することによってではなく、社会に共通な規則や法がどのメンバーにも無差別にかかわることによって確保される」と述べる。すなわち、ジョン・ロックの言う公共性というものは特定の個人的な社会関係を超えた、社会のすべての成員に対して、法という社会的規範による「社会的（契約）関係」によって確保されるものとして理解されているということである。下川潔『ジョン・ロックの自由主義政治哲学』名古屋大学出版会、2000年2月、288頁。
23) 安藤昌益は『自然真営道』の中で、あらゆる権威や身分制的秩序に反対し、万民の平等の社会を説いている。寺尾五郎は、「徳川時代の中期に、まだ近代産業も近代科学も出現していなかった封建社会のまっただなかで、洋学の影響も受けずにこのような弁証法的思考が、日本に自生・自発していたことは不思議である」と述べる（寺尾五郎『安藤昌益の闘い』農山漁村分化協会、昭和57年10月、29〜30頁）。

欧米社会においては、生命や性、さらには心の世界といった個々人の生得的問題については自らが信じる創造者（＝神）以外のあらゆる社会的権威は不可侵である、という自然観が古来よりあり、こうした自然的世界の権威に政治的権威が侵入しようとしたときに、宗教的革命が起き、人々はその時初めてこうした不当な政治的権威からの精神の解放と自由を勝ち取った歴史がある。こうした人間解放の思想は、人間を自然的世界と対峙させる自然観（リベラリズム）を発展させ、これが人間の科学的認識方法を発展させる大きな牽引力となった。しかし、人間を自然的世界と対峙させる自然観は、工業的産業社会の発展にともない、ますます人間を自然的世界から乖離させてしまい、これが人間社会においても統一性を失わせ、新たな階級差別と支配の構造を温存させる要因ともなっている。

ところが、寺尾氏も言うように、近代産業も近代科学も出現していなかった徳川封建社会の中期において、安藤昌益のような、あらゆる階級支配と差別を否定する思想が日本において出現した要因には、人間を自然的世界と対峙させる欧米合理主義的自然観が当時の日本には存在せず、こうした社会において民衆を徹底的に支配していく独特の社会構造が日本の封建社会の成熟期に確立したところにあるのではなかろうか。その証拠として、安藤昌益は、自ら農民として自然の大地と耕作を通して向き合う中で、決して自然と対峙せず、一体化していく自然観を獲得していき、こうした自然観に基づいてあらゆる差別や支配の無い社会を次のように説く。「真、自リ転定ヲ営ムナリ、……自由・自在、転定の妙行、即チコノ真ノ直耕ナリ。コレヲ以テ、万物ハ転真ノ直耕ニ生ルコトヲ知レヨ」（刊本『自然真営道』第一巻）、「万物は自己運動する存在である」という科学的認識を獲得しながらも、自然と決して対峙しない、日本人に独特の科学的自然観が安藤昌益の中に見られる。

またこうした自然観に基づいて「君相ヲ以テ己レ衆人ノ上ニ立チテ、不耕ニシテ安食・

安衣シ、……陽儀ヲ以テ天高貴トナシ、陰儀ヲ以テ地卑賤トナシ、上下ヲ決メ之ヲ法トシテ、君相ヲ以テ上ニ立ツ……失リノ始ナリ」（刊本『自然真営道』第二巻）と、宗教的・社会的あらゆる権威と支配を否定し万民平等社会を説く安藤昌益の思想には、安藤昌益が、自然的世界を支配する権威（宗教的権威）と人間社会を支配する権威（徳川封建的身分制度）を同一のもの（現人神）としてとらえ、この両方の権威から日本の民衆が支配されているという日本社会に独特の支配構造を読み取っていたことが理解できるであろう。

24）「水口」とは田んぼに水を引き入れる入り口のことをいう。讃岐平野では昔から、4月中旬に稲の種まきのための苗代の準備作業をして地ごしらえをしたとき、水口へ氏神さんからいただいた「お札」（護符）を立て季節の花や焼き米をお供えして水への祈りと感謝を捧げる風習がある。これにちなんで、香川用水の阿讃導水トンネルの出口を「水口」に見立てて、「水口祭」を斉行する水口祭が現在でも行われている。

25） 例えば、愛知県安城市を中心に広がっていた安城農法は中国を始めアジアの各地に普及していった。

26） 日本の各地では、その地域独特の歴史と文化に基づく年中行事が伝えられている。その例として、田植えが終わって一段落した時期に作付け上がりを祝う「田祈祷祭」や、収穫を間近に控えた稲田が天災に遭わないよう、五穀豊穣を祈願する「八朔祭り」、収穫儀礼として「お蔵入れ」、「〇〇〇神社神楽」などを代表として、漁業・林業での祭りなど、生産や社会生活に直接かかわる祭りが多種多様にある。

27） ここでは血縁共同体はそこに産み落とされた人間の意思によらない先天的社会関係として、そして地域共同性は人間の意思によって後天的に組織された社会的利益関係としてとらえている（F．テンニース（Ferdinand Tonnies：1855～1936）:『共同社会と利益社会：Gemeinschaft und Geseltschaft、1887』）。

28） 守本順一郎、前掲書。

29） 地方分権推進委員会「市町村合併の推進についての意見」平成12年11月27日。

30） 行政効率化関係省庁連絡会議「行政効率化推進計画」平成16年6月15日。

31） 市町村では景気対策の一環などとして行われた公共事業の拡大やの行財政改革による補助金などの大幅な削減などにより自治体の財政基金が底を尽きつつある。自治体予算の削減は、人件費の削減と公共的事業の縮小として現れつつある。本来専門職をきちんと配置すべきところにも民間非営利団体（MPO）や人材派遣会社に委託する動きも出始めている。

32） 今日の公民館は、社会的な力をつけた市民層にとってみれば窮屈な存在であり、職員配置の如何によってはむしろ活動の阻害要因にさえなっているという意見もある。その結果、公的社会教育の一般行政への移管・解消が進行する側面も見受けれられる（石井山竜平「教育委員会制度と社会教育法制」日本社会教育学会編『社会教育関連法制の現代的検討』、日本の社会教育第47集、2003年9月、43～44頁）。

33) 長澤成次『公民館で学ぶ』国土社、1998年4月、218〜223頁。
34) 「公民館は住民自治の拠点」として地域の様々な生活課題に取組んでいる都市型の公民館として、九州では佐賀県鳥栖市鳥栖公民館や沖縄県平良市西原地区公民館が、また農村・漁村型の公民館としては大分県下毛郡三光村の白木地区公民館や佐賀県神崎郡神崎町姉川東分公民館などがある。
35) ちなみに国家の側からも「青少年の奉仕活動・体験活動の推進方策について（平成14年中央教育審議会答申、11頁）」において「互いに支えあう互恵の精神に基づき、利潤追求を目的とせず、社会的課題の解決に貢献する活動が、従来の"官"と"民"という二分法では捉えきれない、新たな"公共"のための活動とも言うべきもの」などのように、「新たな公共領域」についての提起を既に開始している。こうした施策を待たずに、地域住民の側から「新たな公共領域」について積極的提案と実践が公民館を拠点になされる必要がある。
36) 伊藤恭彦「公共性のあり方をさぐる」『教育』【No.676】5月号、国土社 4〜16頁。
37) 第1章、第1節で考察した一連の社会教育法改正を参照、国家が、教育・環境・福祉・まちづくりといった地域での住民生活関連行政のすべてを物理的に掌握することが財政的に困難になり、行政機構そのものを転換することを余儀なくされてきたことである。そしてハードな面の負担については地方分権を導入して国の権限を地方に委譲し、国家が掌握するのはソフトな部分に限定し、その限りにおいて地域住民の行政への参画（民間活力の導入）を推進せざるを得なくなったことである。

　　公民館は依然として町内会・自治会を始めとする様々な地域団体との結びつきが非常に強く、地域における存在感の大きな施設である。財政難の中で山積する地域生活課題への対応が迫られ、地域住民の動因的な協力を仰ぎたい地方行政にしてみれば公民館は貴重な資源として写る。公民館を教育委員会管轄から一般行政に切り替え、コミュニティ活動や地域福祉などの拠点として活用していく施策が今後強化されることが予想される。
38) 荒井容子「社会教育の法制度研究における「関連」法という視座の意味、日本社会教育学会編『社会教育関連法制の現代的検討』、日本の社会教育第47集、2003年9月14頁」。
39) 山本健慈「都道府県レベルの生涯教育構想・政策の現段階」日本社会教育学会編『生涯学習政策と社会教育』、日本の社会教育第30集、東洋館出版1986年 68〜71頁。
40) 「高齢者と子どもたちとのふれあい活動」を行っている熊本県植木町豊田南区公民館、「異世代間の連帯を深める活動」を行っている福岡県宇美町大名坂公民館、さらには「地域づくりとその担い手としての人づくり」を積極的に推進している長崎県西海市大島町太田尾地区公民館などは、住民自身による地域自治を積極的に開いている例としてあげることができよう。今後こうした住民の自治能力を高め、後継者の育成に積極的に取り組んでいる地域とそうでない地域の格差が大きく広がっていくであろう。
41) 伊藤恭彦は多元的価値社会の特徴として次の3つをあげている。

①個人で異なる価値
　　②価値観の対立
　　③優劣を決定できない価値
　　伊藤恭彦、同上4～16頁。
42)　伊藤恭彦、同上7頁。
43)　石井山竜平氏は「行政と生活者との接点部分に様々なアクターが束ねられた"協働のテーブル"を多彩に創造し、"曖昧さ"の中に"脆弱性"を補完しうる人間関係と行政と住民の協働関係を豊かに創造することである」と述べているが、石井山氏のこの指摘は「新しい公共領域」を支える住民一人ひとりが社会的規範価値を獲得する道筋を示したものとして示唆に富む。(石井山竜平「教育委員会制度と社会教育法制」日本社会教育学会編『社会教育関連法制の現代的検討』、日本の社会教育第47集、2003年9月、48頁)。
44)　文部科学省「地域づくり支援室」(生涯学習政策局)。
45)『対談"公私"関係と主体の形成、宮本憲一・吉田千秋、『現代と思想』11号、1987年、10頁。
46)　ハーバーマス『公共性の構造転換』128～196頁。
47)　篠田英雄訳、カント著『啓蒙とは何か』岩波文庫、2005年、11頁。
48)　カント、同上、10頁。
49)　斉藤純一『公共性』岩波書店2000年、viii～ix。
50)　池上淳「公共性の現実的基礎と社会の共同資産」28頁。
51)　マックス・ヴェーバー著、大塚久雄訳『プロテスタンティズムの倫理と資本主義の精神』岩波書店、1989年3月、17頁。

第3章

主体形成と学習の評価

　第2章において「公共性」と「主体形成」の問題について考察した。そして「公共性の実現のための"学び"」が国家の側からも住民自治の側からもキーワードになりつつあり、生涯学習が政策として国によって急がれている理由もここにあることが述べられた。本章ではこれまで考察してきた「公共性」の実現を担う主体形成のための学習およびその評価について考察したい。

第1節　主体形成と学習

(1) 自他の出会う公共空間としての学びの場

　第2章、第1節において、第二次産業社会の規範価値が崩れ、人々は規範意識を失ったままバラバラの状態に置かれていることが述べられた。その様相を改めて見直すならば次のような傾向が現代日本の社会では一般化しつつあるように思われる。第一は、外部世界（＝他者）とのかかわりを遮断し、自己の世界に埋没していく個人の増加である[1]。このような個人にとっては、他者が不在している世界しか存在しない。第二は、自己の価値観の普遍性を主張して他者にその受容を強要する個人である。このような個人にとって、他者とは自己と完全に同一化したものでしかない。第三は、人それぞれの立場を主張して他者への干渉と他者からの干渉を拒否する個人である。これらいずれのタイプも他者との関係を拒否し、社会的規範性を失っている自己中心性では共通している。人々は自己の外的世界や客観的実在と正面から向き合い、関係性を創造し

ていくことはおろか、それらを認識することさえ難しい社会（＝自己が直面している現実を認めようとせず、他者のことを考えようとしない自己中心性社会）になりつつあるように思われる。

　社会的規範価値を再生し、次世代に引き継ぐ有力機関としての学校教育では、国家や社会そして会社のための教育（＝個人の外側から社会規範価値を注入すること）には熱心ではあったが、第三次産業社会が求める個人が自由に生きることをめざす自己実現のための教育（＝個人の内に社会規範性を創造すること）については弱かったと言わざるを得ない。そして国家や社会さらには会社が維持・管理してきた（第二次産業社会の）規範価値が崩壊しつつある今日、個人は上記のような社会的規範価値を失ったアナーキーな関係に陥っているのではなかろうか。こうした意味では、人々は公共空間を維持・管理する社会的規範性（＝公共性）をほとんど持ち合わせてはおらず、限りなく「私的な生活」を生きることを強いられている。このような社会的権利が行使できない状態は「真に人間的な生を生きる上で本質的な事柄が奪われている（ハンナ・アレント）」存在であると言わざるを得ないのではなかろうか[2]。

　現代日本の社会ではすべての世代について、個々人の中に社会規範価値を創造する主体形成のための学習が求められている。そのためには、自己を多様な外部に向かって開き、自己の再発見あるいは再生を図る中で、自分なりの社会規範価値を創造していくこと、そして自己が獲得した規範価値を他者に正確に表現し、伝えることができる力の育成が年齢を問わず求められているように思われる。この課題は拙著『六・三制と大学改革（大学教育出版：1994年3月）』が提起した、戦後六・三制教育改革論が後へ後へと残してきた「学力」問題の核心部分、すなわち「認識→思考→表現」のうち、「思考→表現」にかかわる課題である。自己を多様な外部に向かって開き、自己の再発見あるいは再生を図るとは、自己を「見られ、聞かれる空間（アレント）」にさらけ出すことにより、「他に代え難い存在」としての自己を再認識し、これを土台としつつ「すべてにとっての共通空間（アレント）」に参加し、自分なりの役割と場を獲得する

ことではないかと思われる[3]。斉藤純一が「言説の公共性[4]」としてまとめた公共空間では、社会的存在としての自己を「①認識」し、「②思考」を通して規範的価値観を獲得し、さらに自己の価値観を広く理解してもらうために概念化された「ことば」として「③表現」する過程全体が「主体形成としての人間形成」としてとらえられる空間なのである。そして「ことば」を獲得したり、創造していく「学び」は、公共性の創造にとって重要なものになってくる。

(2) 「学び」と「公共性」

　第1章第1節でも述べられた通り、1980年代に入って生涯学習が政策として急がれる中で社会教育の国家化が急激に進められてきた[5]。これに対して高橋満氏は、国家が公民館における学びを私的事項として定義し、受益者負担による有料化や民間委託化を推進し、そういう場所でボランテイア活動をすることも、まちづくりの拠点とすることも論理矛盾である、と批判する[6]。しかし高橋氏の批判はいくつかの点で国家の論理と議論がかみ合っていないように思われる。まず国家による「自由主義的個性化政策」が「かつての公共性を崩壊させた」と高橋氏が言うとき、ここでいう「公共性」とは「国家＝公」としての公共性の崩壊であり、「地方自治体を含めた住民自治＝公」としての公共性はまだ崩壊してしまってはいないのではないか、ということである。そして国家から見るならば、地方自治体を含めた住民自治は今後は「私的事項」にあてはまり、社会教育施設について指定管理者制度による民間委託化、地域委託化、財団委託化など、どのような管理・運営を行っても、国家にとっては「あずかり知らないことなのだ」ということである。したがって、公民館講座などの事業の企画や運営へ住民参加を積極的に推進するか、あるいは、公民館運営審議会を形骸化あるいは廃止するかなどについては、今後は「国家にとっては関係のないことであり、地方自治体や住民自治さらには民間企業の参入でも何でもよいから勝手におやりなさい、自由ですよ」と言っているに過ぎないということなのである。これについて「公共性に対する責任の放棄」と一般化して述べ

ると、「公共性」の意味が、「国家＝公」としての公共性なのか、「住民自治＝公」としての公共性なのか区別があいまいになってしまう危険性があるのではなかろうか。

　本書では繰り返して述べられていることであるが、「新しい公共領域」における「住民自治の担い手を育成する」ための学習や講座は、国家の基準や監督下によるのではなく、住民自治に基づいて行われるべきではなかろうか。したがって、むしろこの領域について、国家は法的権限を自ら放棄すべきなのである。例えば、環境・福祉あるいは教育といった「新しい公共領域」において、「地方自治体を含めた住民自治」が提供する利益あるいは効果は、個々の受給者にとっての個人的利益あるいは効果というよりも、その供給の結果として社会全体が享受する利益あるいは効果をもたらすということ、すなわち「個人の利益のうちで個別的には享受できない公共財を提供する」という意味で「新しい公共領域における地方自治体を含めた住民自治」の事業は「公共性」を帯びるのである。しかしながら「民間企業」の場合は、あくまでも「採算性」という論理に支配されて、「個々の受給者にとっての個人的利益あるいは効果」をもたらすことを目的としているため「私的事項」と言わざるを得ない。高橋氏が「学習成果を社会に還元することを求めることはあつかましいこと」とか「そういう場所でボランテイア活動をすることもまちづくりの拠点とすることも論理矛盾である」という批判を行うとき、「地方自治体を含めた住民自治」の場合と「民間企業」の場合との議論が混乱しているように思われる。高橋氏は、「国家にとっては住民の自治的活動、民間企業による事業活動さらには地方自治の事業ですら私的事項であるが、地域住民にとっては地方自治体を含めた住民自治は公的事項であり、民間企業は私的事項である」ことを認識していないように思われる。むしろ今後公民館は、戦後初期の設立当初の精神に戻り、住民自治を支える拠点となり、またまちづくりの拠点として「新しい公共空間」の抱える地域課題や現代的課題に関する学習を積極的に推進し、その成果を地域づくりやまちづくりに還元していく必要が高まっているのが現実なのではな

かろうか。

　高橋氏が「地域活性化のまちづくりと学習は、明らかに個々人の商売あるいは個人的利益の向上と公共的学習支援の結びつきの中で考えていくようになっている」とか「学びの個別化（あくせくと地域課題・公共課題に限定すること）＝狭量な公共性＝学びの手段化」、さらには「一見役にたたない（趣味的教養の）学びを大切にし、狭い公共課題に人をかりたてないことが権利としての学習、……地域づくりに社会教育施設・事業を収斂させる狭量な公共観」と批判するとき、高橋氏自身が、公民館を地域づくりの拠点とし、住民自治を土台にして「新しい公共空間」の抱える地域課題や現代的課題に関する学習を積極的に推進することを意図的に排除しようとするものである。

　高橋氏に対する批判を通して「学び」と「公共性」についての議論をまとめると以下の通りになる。

---

① 「地方自治体を含めた住民自治＝公」が推進する「学び」は国家にとっては「私的事項」であるが、地域住民にとっては「公共性」を帯びる。
② 「新しい公共空間」の抱える地域課題や現代課題に関する「学び」は個人の利益のうちで個別的には享受できない地域社会全体の公共財である。
③ 公民館など社会教育・生涯学習施設で行われる講座は公共財であり、その内容を一般教養に限定することはできない。

---

(3) 「公共財としての学び」の事例――お店屋さんが先生です（大村市中心市街地商店街）

　大村市は長崎県の中央に位置し、人口約8万7,667人（平成16年現在）後の自治体で年々微増傾向にあり、農業、工業、商業ともに県内有数の産業重点地区である。長崎県の流通拠点として、大型商業店舗が乱立する中で、中央商店街の衰退は目を覆うばかりである。その理由は商店街とスーパーの経済基盤

が異なるにもかかわらず、商店街がスーパーと差別化する経営を十分図っていないところにあり、これについて第1章、第2節において考察しているのでここでは省略する。

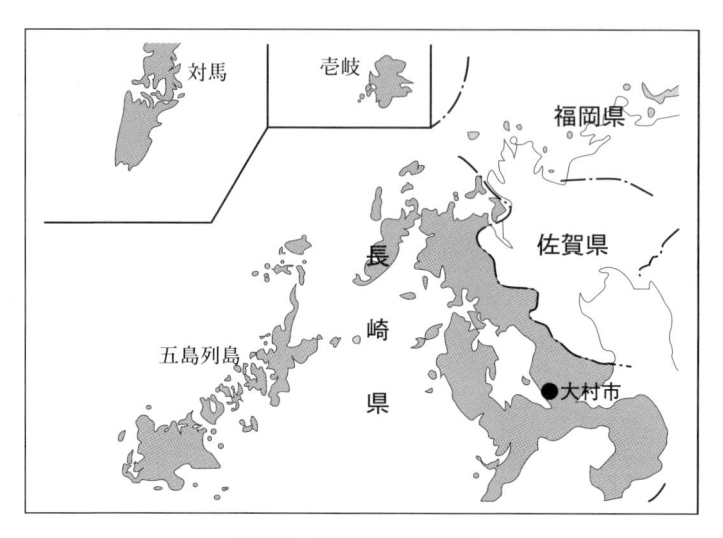

図3-1　長崎県付近の地図

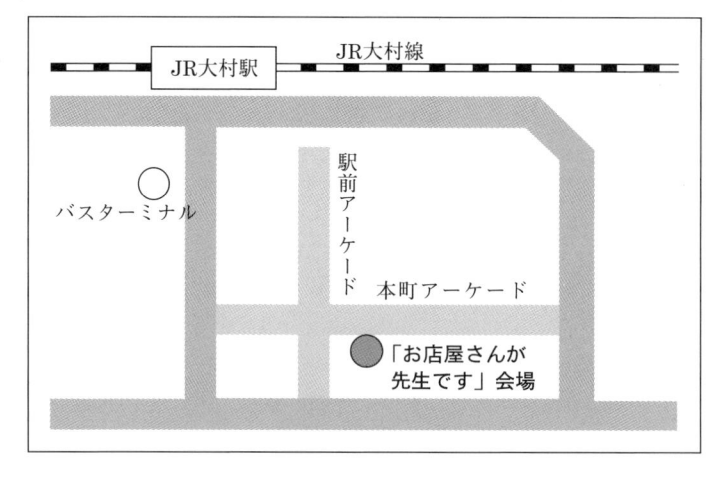

図3-2　中央商店街

地域全体は発展しているにもかかわらず、その中心市街地の商店街が凋落していく傾向は大村市に限らず、今日、全国の自治体に共通して見られる傾向である。大村市ではこれに対して新しい試みが平成14年度からなされてきた。それは中央商店街が空き店舗を活用して実施している「お店やさんが先生です」という講座であり、この取組みは本書がテーマにする「学びと公共性」の格好の事例である。

　前述にもあるように、まちづくりの新しい変化として、①競争から個性化へ、②地域ぐるみの共同したまちづくりができる社会へ、③一人ひとりが参加できるために生涯学習の整備という3点が近年重要になっている。大村市中央商店街でも上記の変化に対応して、「まちづくりとは何をつくることか？」といったことなどについて長年、熱心な議論と実践がなされてきた。中心市街地の経済基盤は経済効率性とは程遠い「生活」の論理が支配的な空間であり、何万人もの人々の何世代にもわたる生活の積み重ねが中心市街地を形成し、そこでは地域の歴史と生活文化が創造され、相互扶助の豊かな人間関係ができ上がってきた。中心市街地の商店街はこうしたものを基盤にして成り立ってきた経済活動であったが、高度経済成長に象徴される第二次産業社会は商店街の経済基盤を徹底して崩壊させ、これにともなって商店街は衰退していったのである。そこで大村市中央商店街では、崩壊しつつある中心市街地の生活を再生させる「まちづくり」に取り組むもうということになったのである。ここでいう「生活」とは、地域や家庭の「人間関係・つきあい」など、経済効率的発想では営めないものや、福祉、医療、教育、環境、歴史、文化など、経済効率的にやってはいけないものであり、経済効率主義者からは「無駄なもの」として切

```
①「まちづくり」とは「何」をつくることか
   ⇒ 崩壊しつつある生活の再生
②「生活」とは何か
   ⇒ 経済効率的発想では営めないもの
      （地域や家庭の人間関係、つきあい等）
   ⇒ 経済効率的にやってはいけないもの
      （福祉、医療、教育、環境、歴史、文化）
   ⇒ 総合的視点でなくては見えてこないもの
      （自治会や婦人会など総合的に対応できる組織
       の協力）
```

図3-3　「まちづくり」の課題

り捨てられてきたものを再生させることにより、中心市街地の活性化を図ろうとするものであった。そして「中心市街地が活性化した」とは「そこに住む人々が生活しやすくなり、住みやすくなる地域をつくること」であるととらえ、安全で安心なまちづくりに取り組もうということになった。「お店屋さんが先生です」は商店街と地域住民が協同して、各商店が自分の専門性を生かして、住民の生活を豊かにするための知識と技術を広く消費者である市民に提供しようとする「まちづくり住民大学」である。以下各講義の内容を簡単に紹介したい[7]。

- 平成14年6月24日に最初の講義をなさった児島正興さん（靴のみさ）は日本ウォーキング協会の公認指導員であり、「歩く」ということと「健康」ということの関係を「ウォーキングの会」の実践を通して市民に伝えている。靴というものは私たちが毎日肌身離さず、身につけているものであり、「歩く」ために欠かせないものである。「自分の身体に一番フィットしている靴を持つこと」と「健康」の関係を熟知している消費者を数多く育成している児島正興さんのお店のファンは大村市から遠く離れた地域の人からも多い。

- 原口生花店の原口浩さんは、夏の切花を長くもたせる法や暑い夏を楽しくする、小物を使ったカンタン花活けの技を披露してくださった（平成14年7月22日）。

- インテリアのWRAFの井上浩人さんは、「ちょっとしたインテリアの工夫で庭や室内・玄関先が楽しくなります、とかラッピングの工夫でプレゼントが倍嬉しくなります」という知恵を実演を交えて教えてくださった（平成14年7月22日）。

- おーみや化粧品店の笹倉知恵子さんは、眉は顔のイメージを左右する一番のポイントであるから、「チャーミングに変身、眉の描き方マル秘テク教えます」というテーマで、①眉の状態を見極める、②眉の基本のプロポーションを知る、③眉毛の流れを確認、④実習といった一連の系統的な講義を準備してくださった（平成14年9月6日）。

第 3 章　主体形成と学習の評価　81

表 3-1　「お店屋さんが先生です」講義一覧　（平成 14 年 ～ 15 年）

年月日	時間：午後	講義題目	講師名	業種・店名
H14.6.24	2時～3時	ウォーキングで10才若くなる	児島正興	靴のみさ
H14.6.24	3時～4時	めずらしいお米：お米のいろいろ	田中義信	お米のたなか
H14.7.22	2時～3時	夏の切花を長くもたせる法	原口浩	原口生花店
H14.7.22	3時～4時	ちょっとしたインテリアの工夫で庭や室内・玄関先が楽しくなります。	井上浩人	インテリアのWRAF
H14.9.6	2時～3時	チャーミングに変身、眉の描き方マル秘テク教えます	笹倉知恵子	おーみや化粧品店
H14.9.6	3時～4時	一度買ったら安心？メガネって何ですか？メガネの常識・非常識、近視でも老眼になる……	仲野俊久	仲野時計店
H14.10.21	2時～3時	ここがポイント！下着選びのコツ	田嶋和美	彩苑
H14.10.21	3時～4時	着物と草履のバランス、草履の修理キット進呈	山口満	山口屋
H15.6.29	2時～3時	夏の夜を涼しく、布団と枕のはなし、あなたに30年の経験とノウハウを一挙公開致します	古泉良明	さんわ（株）
H15.7.20	2時～3時	チャイナドレスの着こなし	楊珏	上海
H15.7.27	2時～3時	ゆでピー：味の秘密、試食もあります	寺西修	浦川豆店
H15.8.24	2時～3時	サングラスの話：目の紫外線対策	仲野俊久	仲野時計店
H15.9.21	2時～3時	ウォーキングで10才若くなる	児島正興	靴のみさ
H15.10.26	2時～3時	楽しいきもの：女性の魅力を引き出す	木戸川磋朗	武田呉服店
H15.11.23	2時～3時	贈って楽しい。もらってウレシイ。冬のプレゼント	井上浩人	インテリアのWRAF
H15.12.7	2時～3時	おいしい日本酒の選び方、うまい酒をのむために	川添勝征	カワゾエ酒店
H16.1.25	2時～3時	高齢化社会と介護保険制度のしくみについて	蓮本高啓	ディサービスセンターまりも倶楽部
H16.2.1	2時～3時	介護保険のことなんでもお教えします		
H16.6.29	2時～3時	カメラの点検を兼ねて、楽しい写真の写し方	池田構造	写真いけだ
H16.6.19	2時～3時	ハーブティーの楽しみ方	米原史穂美	グラスルーツ野岳
H16.10.30	2時～3時	ウォーキングで10才若くなるかも！？	児島正興	靴のみさ
H16.11.20	2時～3時	お鍋のあれこれ	安永容子	（株）やすなが
H17.2.20	2時～3時	とっておきの旅の裏ワザ教えます。2300円の旅	堀久	白木屋クリーニング

- 仲野時計店の仲野俊久さんは「一度買ったら安心？メガネって何ですか？メガネの常識・非常識、近視でも老眼になる……という話をしていただいた（平成 14 年 9 月 6 日）。
- 彩苑の田嶋和美さんは、「ここがポイント！下着選びのコツ」という女性専科の講義をしていただいた。今つけているサイズは本当に合っていますか？体形は十人十色ですよ、下着選びの基本は、サイズの決め方、デザインの決め方、試着の三段階で行います、という話をしていただいた（平成 14 年 10 月 21 日）。

- 山口屋の山口満さんは、「最近の和装は着物と草履のバランスがチグハグの人が多いので改善法を教えます」という話をしていただいた。またついでに簡単な草履の修理法も教えていただき、参加者には草履の修理キットを進呈してくださった（平成 14 年 10 月 21 日）。
- さんわ（株）の古泉良明さんは「夏の夜を涼しく、布団と枕のはなし、あなたに 30 年の経験とノウハウを一挙公開致します」という講義をしていただいた（平成 15 年 6 月 29 日）。
- チヤイナドレスの専門店上海の楊珏さんは、「チヤイナドレスの着こなし」というお話の中で、カジュアルタイムにもフォーマルにも上品に美しく振舞うキーワードや履物とのコーディネートなど中国の伝統美を見せてくださった（平成 15 年 7 月 20 日）。
- 浦川豆店の寺西修さんは、「ゆでピー：味の秘密、試食もあります」と言う講義の中で、家庭でもできるゆでピーの作り方や、ゆでピーの由来、ピーナッツの種類など多彩なお話をしてくださった（平成 15 年 7 月 27 日）。
- 仲野時計店の仲野俊久さんは「サングラスの話：目の紫外線対策」という講義の中で、オゾン層の減少の話や有害紫外線についてお話をしていただいた（平成 15 年 8 月 24 日）。
- 児島正興さん（靴のみさ）は初心者向けウォーキング講習会として「ウォーキングで 10 才若くなるかも！？」という講義をしていただいた。ウォーキングによって、生活習慣病の予防はもちろん、正しい歩き方でバスト up・ヒップ up・ウエストシェイプ up 実現、歩かないと筋力は衰えます、紫外線が弱くなる秋から始めてみよう、というお話をしていただいた（平成 15 年 9 月 21 日）。
- 武田呉服店の木戸川碌朗さんは「楽しいきもの：女性の魅力を引き出す」という講義の中で、ちょっとした素敵マナー、あなたもきもの美人、きものの選び方、きものの扱い方、きもののコーディネイト、きものの着こなしやマナーなどといったお話をいただいた（平成 15 年 10 月 26 日）。

- インテリアの WRAF の井上浩人さんは、「贈って楽しい。もらってウレシイ。冬のプレゼント」という講義の中で、クリスマスリースの作り方、ラッピングの方法、セッティングなどについてお話をしていただいた（平成15年11月23日）。
- カワゾエ酒店の川添勝征さんは、「おいしい日本酒の選び方、うまい酒をのむために」という講義の中で、私たち日本人にとって酒とは？昔から酒にまつわる話をよく聞かされます。唄にも数多く酒が歌われています。「酒は涙かため息が」「悲しい酒」「夫婦酒」「にごり酒」「二人酒」……酒の名のついた唄は数知れず、酒におぼれた人、酒に泣いた人、避けで憂さを晴らす人、酒にかかわる悲喜こもごもは人と酒のエピソードの歴史です。酒をもう一度味わってみようではありませんか、というお話をいただいた（平成15年12月7日）。
- ディサービスセンターまりも倶楽部の蓮本高啓さんは「高齢化社会と介護保険制度のしくみについて」という講義の中で、大村市の高齢化状況、介護保険のしくみ、サービスの種類、社会福祉と街づくりなどのお話をいただいた（平成16年1月25日、2月1日）。
- 写真いけだの池田構造さんは「カメラの点検を兼ねて、楽しい写真の写し方」という講義の中で、超初心者向け写真教室を開いてくださった。参加者からは「カメラ持参で、すぐに現像プリントしてくださり好評でした」という講義であった（平成16年6月29日）。
- グラスルーツ野岳の米原史穂美さんは「ハーブティーの楽しみ方」という講義の中で、ハーブティーの入れ方、その効能について、ハーブティーの試食（ミント・ハイビスカス）も含めたお話をしていただいた。
- 児島正興さん（靴のみさ）は、「ウォーキングの理論編：ウォーキングの効果は？、正しい靴選び、靴のはき方、ヒモ結び、正しい歩き方」、「ウォーキングの実践編：ウォーキングアップ・クーリングダウン、5キロウォーキング」といっそう系統的講義を組み立てていただいた（平成16年10月30日）。

- （株）やすながの安永容子さんは「お鍋のあれこれ」という講義の中で、あなたはお台所のオーナーです！、お鍋の特徴を知ってお料理を楽しく！！、お鍋の種類と特性を目で見る、手でふれる、というお話をしてくださった（平成 16 年 11 月 20 日）。
- 白木屋クリーニングの堀久さんは、「とっておきの旅の裏ワザ教えます。2300 円の旅」という講義の中で、知らない街へ行って見よう、青春 18 切符を使っての旅、地図と時刻表を読む、というお話をしていただいた（平成 17 年 2 月 20 日）。

 講師をしていただいた商店街の方々は、皆さん心を込めて準備していただき、ご自分の専門分野について、身近でしかもとっておきの役に立つ知識をお話いただいた。すべての講義内容が、生活の中で身近で貴重なものばかりであり、それを専門に扱っているプロでなければ分からない情報で占められていた。中には何世代にもわたって培われ、伝承されてきた生活の知恵も含まれていた。以前は商店街のそれぞれのお店で、客とのやりとりの中で、お店から客へ伝えられていた情報ではなかっただろうか。そしてお店にとって「得意客」と言われる客は、そのお店のとっておきの情報と一番得意な分野の情報を常に入手でき、お客にすぐ提供できる関係が、お店と客との間にあったものと思われる。こうしたお店と客との信頼関係が、お店を支え、こうしたお店が集まって商店街が繁栄していたものと思われる。まさに商店街のお店は生活情報の発信基地であり、それが何世代にもわたって折り重なり、伝承されていく生活情報の交差点であった。

 ところが経済効率主義は、お店と客とのこうしたやり取りを消し去り、店舗は販売する側にとって都合のよい情報のみを客に一方的に流し、客は与えられた商品をただひたすら信用するしかなく、黙々と孤独の中で買い物をするようになったのである。「安さ」と「便利さ」の代償に失った「商品についての貴重な情報」は、「お店屋さんが先生です」という講義を聞く限りにおいても計り知れないほどのものがあるのではないかと思われる。自分が目の前にしている商

品は「どのような素性」であり、「どのようなルートから来たもの」で、「どういう問題も含んでいるか」など、消費者にとって本当に必要な情報を自分で見抜き、判断できる消費者はあまりいないのではなかろうか。それぞれの専門領域においてそうした商品を扱っている専門的プロとしての「お店屋さん」のみが通じている情報ではなかろうか。商店街の中で、スーパーの資本力とこれに裏付けられた効率的経営に単独で対抗できる店舗は今日では数少ないあろう。したがって商店街の各店舗がスーパーなどと対抗できるとしたら、前述にある「お店屋さんが先生です」の講義内容を消費者に伝え、お店と消費者との間に信頼関係を築き、商品についての価値観を共有し、自分のお店が扱っている商品については「ちょっとうるさいセミプロ」を育て、こうした「商品にこだわる得意客」によって守られ、支えられるお店にしていくことしかないのではなかろうか。「商品が安かろう・悪かろうでも良い」と本当に思う消費者ははいないのではないかと思われる。しかし消費者が本当に必要な情報を教えてもらえず、またそうした知識についての経験も蓄積も無い消費者にとっては、効率的に生産された商品の問題点について知ることも、気づくことも難しいのではなかろうか。

　図3-4は「お店屋さんが先生です」の講義が消費者の生活の安全と安心を守るために必要な情報をお店が提供することを概念化したものである。売る側が商品の問題点や欠陥を隠し、販売者にとって都合のよい情報ばかりを一方的に消費者に流すのではなく、消費者が商品の品質を自分の目で見極めることができるようになること、そしてそのために必要な情報を消費者に提供することが、商店街の各店舗に求められている社会的ニーズあるいは責務ではなかろうか。筆者が20数年にわたり、各地の商店街などで「まちづくり」を行ってきた経験では、こうしたことに気づいている店舗は意外と少ない。商店街の中で地域住民とこうした生活情報のやり取りを日常的にやっている店舗は以外と少なく、自分の店舗を含めた商店街全体を地域住民の大切な生活の場ととらえ、地域住民の生活を守るために、自分の店の商品の質に自信を持って商売に熱心

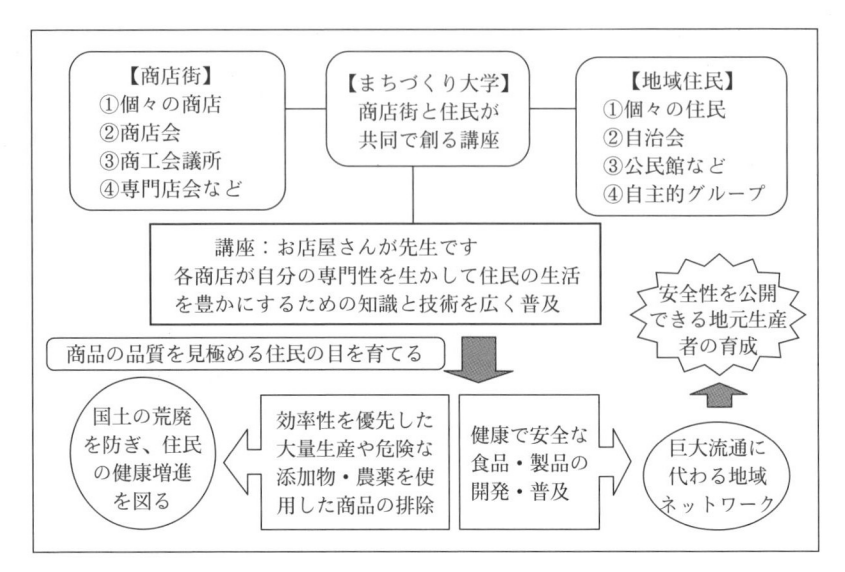

図3-4 「お店屋さんが先生です」の概念図

な店舗経営者は少ないのではなかろうか。

　この問題を突きつめるならば、商店街の各店舗は生産者と連携して、「健康で安全な食品と製品の開発そして販売」に努め、「効率性を優先した大量生産を維持するために、危険な添加物や農薬を使用した商品を排除すること」に責任を負わなくてはならなくなる。そしてこうした消費者の生活の安全と安心を損なう危険性のある商品を流通に流さず、安全性を公開できる地元生産者の育成、そして国土の荒廃を防ぎ、地域住民の健康増進を図るために商店街の果たす役割は大きいのではなかろうか。商店街の各店舗がこうした公共性に貢献する限り、中心市街地を守っているという評価を地域住民から幅広く得ることができるであろう。

　図3-5は、消費者の生活の安全と安心を守るために必要な情報を広く一般市民に提供するために、どのようにして講座を組織したか、その概略を示したものである。この講座が組織しようとする対象は商店街などの商業者と町内会、自治会、婦人会、サークル、団体などの地域住民である。

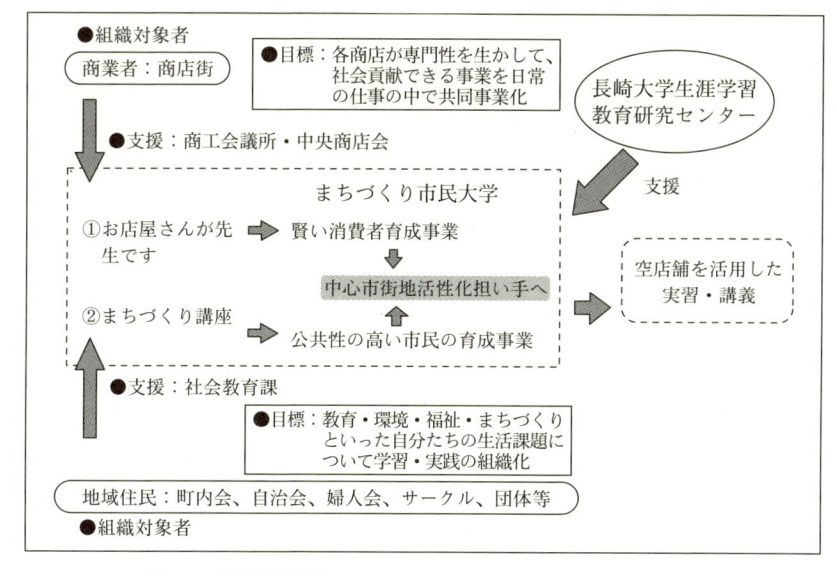

第3章　主体形成と学習の評価　87

図3-5　「地域活性化のまちづくり」担い手育成事業の概念図

　まず商業者の組織化については商工会議所や中央商店会などが、各商店が専門性を生かして、社会貢献できる事業を日常の仕事の中で共同事業化していく、という目標を掲げて、支援していただいた。こうして「お店屋さんが先生です」という講座が生まれ、「賢い消費者育成事業」に各商店が取り組む中で、商店街として中心市街地活性化の担い手になれるよう自らを組織化し、主体形成をめざす事業が始まった。

　また地域住民の組織化については、大村市教育委員会社会教育課が教育・環境・福祉・まちづくりといった自分たちの生活課題について学習・実践の組織化をしていく、という目標を掲げて、支援していただいた。こうして「まちづくり講座」という講座が生まれ、「公共性の高い市民の育成事業」に個々の住民が取り組む中で、地域住民として中心市街地活性化の担い手になれるよう自らを組織化し、主体形成をめざす事業が始まった。そして商業者と地域住民の双方が自らが自らの組織化をめざす事業は「まちづくり市民大学」として統一されていったのである。

全国にある中心市街地活性化事業が公共性を維持する事業を展開することは難しいであろうが、本節のこれまでの考察に基づくならば、大村市中心市街地の活性化をめざす「まちづくり市民大学」事業は、一部の商業者に利益をもたらすための事業ではなく、自治体全体の中心市街地を活性化していく事業であり、地域住民の生活の安全と安心を守るための事業であることから、「公共財」としての性格を帯びていると言ってもよいのではなかろうか。また商業者や地域住民が行政にすべてをまかせるのではなく、自らの努力により、自らを組織していくために主体形成をめざす「まちづくり市民大学」は、住民自治を創造するという意義のある事業だと思われる。

第2節　学習と評価

(1) 講座評価とは何か、どうして今必要なのか

　社会教育あるいは生涯学習の講座内容については、企画の段階でテーマと講師を決定するのみで、実際にどのような講座内容とするかは担当講師にまかせ切りにされているのが現状のように思われる。言い換えるならば、企画段階で講座内容に事細かく介入することや、講座が終了した後に講座内容がどうであったかを細かく評価・分析することは、様々な事情により現実には難しい状況にあると言わざるを得ない。また最初から「講師にまかせる以上講義内容への介入はするべきではない」と決めてかかっているのが現状ではなかろうか。このことについては石井山竜平氏も次のように述べている[8]。

> 　社会教育の事業計画・実施においては、提供するサービスがニーズに応じて多様である一方、講座・事業の質と住民の学習要求の因果関係が不確かであるため、その客観的な評価がしづらい。そのため、事業立案や学習機会づくりの論理的組み立てが難しく、職員個人の誠意・熱意が過度に強調される傾向にある。このような中では、職員は住民の要請に機敏に反応して行政裁量の幅を広げるよりも、可視的に処理

> しやすい管轄部局との調整、すなわち「適応」「順応」に専心しがちとなる。また、国の施策への「適応」の度合いが財源獲得につながっていたことも、この傾向を助長させていた。

　ある講座の企画担当者は「私のところでは受講生のニーズとミスマッチを犯す講師は最初から選んでいません」と強調する[9]。講座内容の評価などナンセンス、と言わんばかりの言いようである。しかしこうした発言そのものが、「その講師を選んだのは企画側の責任なのだから、講座内容については講師にまかせるのが当然である」という現状を露呈しているのではなかろうか。はなはだしい意見としては、「講師を自分で選んでおきながら、その講師の講座内容についてとやかく言うのは講師に対して失礼である」といった、講座というものは誰に対して責任を負うべきサービスなのかを覆き違える意見まで飛び出してくるケースもある。そして何よりも見逃せない点は、企画側が依頼した講師の講座内容が「受講生のニーズとミスマッチを犯していない」とどうして言い切れるのか、その根拠も基準も明確でないまま、講座内容についての運営を漫然と行っている実態があるのではないかと言うことである。

　かろうじて講座評価を実施している社会教育や生涯学習の講座でも、「よかったか」あるいは「悪かったか」を数直線上の評価で集計し、講座全体の受講生の印象を評価するのみにとどまるのがほとんどである。また、講座の枠組みに関する評価にとどまり、「どのような点がよかったのか」あるいは「どのような点が悪かったのか」まで踏み込んで受講生に評価していただき、今後の講座内容の改善につながるところまで実施しているところはあまり見ない。

　中には「評価する人の数だけ評価方法はあるものだ」と言ったり、何を評価しようとしているのか分からないものまである。

　講座内容について誰が行っても一定の評価結果が示される評価方法（すなわち再現性のある科学的な評価）はこれまであまり考えられてこなかったのではなかろうか。その原因は「講座」といったものがどのような要素で構成されて

いるか、といった「講座」モデルを科学的に明らかにしてこなかったところにあり、「講座」を構成する一つひとつの要素をきちんと評価する方法が研究されてこなかったからに他ならない。

本節で考察する「講座評価法」に関する研究は、糸山景大教授（長崎大学生涯学習教育研究センター長、平成 13 ～ 16 年度）が連想法に基づいて考案したもので、授業あるいは講座というものがどういうものであるか、というコンセプトを明確にし、こうしたコンセプトに基づいて授業内容の改善あるいは講座内容の改善に直接つながる講座評価を試みるものである。

(2) 生涯学習講座を成功させる鍵としての受講生の情意面の講座評価

「情意面の講座評価」とは通常は「この講座の面白かったことは何か？」「面白くなかったことは何か？」「この講座の易しかった事は何か？」「この講座の難しかった事は何か？」「この講座の役にたったことは何か？」などの項目について、内面的な、心理的なものを交えながら受講生に具体的に記述していただく評価のことである（対連想法調査という）[10]。

通常大学で行われる授業の場合は、「教師が伝えたい概念に対する学生の情意面的反応」などといったことは、これまであまり問題にされてこなかったのではなかろうか。しかし社会人を対象とした講座の場合はこの点が非常に大切な部分となってくる。もっと単純な言い方をすれば、（未成年の）学生に対する話し方と同じような調子で講師が社会的経験やその領域の専門的知識の豊富な社会人に話しかけるならば、これは大変失礼なことになるであろう。受講生のこれまでの社会的経験や、職業上知り得た専門的知識をまず尊重するところから始めなければならないのが通常である。そういう意味でも、生涯学習では情意面での評価が重要になってくるのである。そこで、果たして連想法という方法で、情意面での評価が可能なのかどうかということが問題となってくる。

糸山景大氏が言うように、「授業の大部分が知識や技術の伝達をすることである」と考える教師は、今でも少なくはないであろう[11]。「テキストがあってそ

れをしっかり伝えることが授業である。これ以外に何があるのか？」と考える教師が多数ではなかろうか。しかし授業や講座というのは、単なる技術や知識の伝達にとどまるものではなくて、知識や技能を含めたより根源的な概念を伝えることではないか、というのが「連想法による評価」の立場である。したがって、講師が伝えたいと思っている概念の構造化ができていない場合、その講座は単なる知識の羅列に終わりがちである。

　以上、社会人を対象とした生涯学習講座を行う上での成功の鍵をまとめるならば以下の２点に集約されるのではないかと思われる。

> A：受講生に伝えるべき授業の概念の構造化がしっかりできているか？
> B：講座の概念を伝えるための用例や事例は適切かどうか？

　この２点は、社会人を対象にした大学公開講座を考える際、意外に難しい問題である。第一の理由は、一般市民を対象とした教養的講座と、専門的教育や経験を持つプロを対象とした専門的大学継続教育講座とでは、このＡとＢのあり方が異なるのではないかということである。ここで、教養的講座というのは、専門的な教育を薄めたり、または「面白くておかしい」話題を取り上げることではなく、独自の論理に基づく専門的教養を語るということである。そういう面では、その分野では学術的経験の豊富なかなり高レベルな専門家でなければ、教養講座を語ることは難しいのではないかと思われる。第二の理由は、現代的課題や地域的課題といった総合的・応用的テーマを頻繁に扱う大学公開講座では、ＡやＢがそれほど容易ではないということである。第三の理由は、受講生の社会的・専門的経験からくる関心と、講師の学問的関心のミスマッチが、社会人を対象とする公開講座では非常に多いということである。

　表3-2は平成18年度長崎大学公開講座の一覧である。この中で教養的であると思われる公開講座は「平和・多文化共生の構想を深める　partII（教育学部）」「現代経営：企業戦略とCSR（企業の社会的責任）（経済学部）」「経営意

思決定の最前線 －21世紀の企業経営を考える－（経済学部）」「薬学講座「自然界のおくすり －健康食品と漢方薬－」（医歯薬学総合研究科）」「世界と日本の経済動向 －2006秋－（経済学部）」「ロボット・エレクトロニクス入門（工学部）」「ロボット・エレクトロニクス入門（工学部）」などがある。

表3-2　平成18年長崎大学公開講座一覧

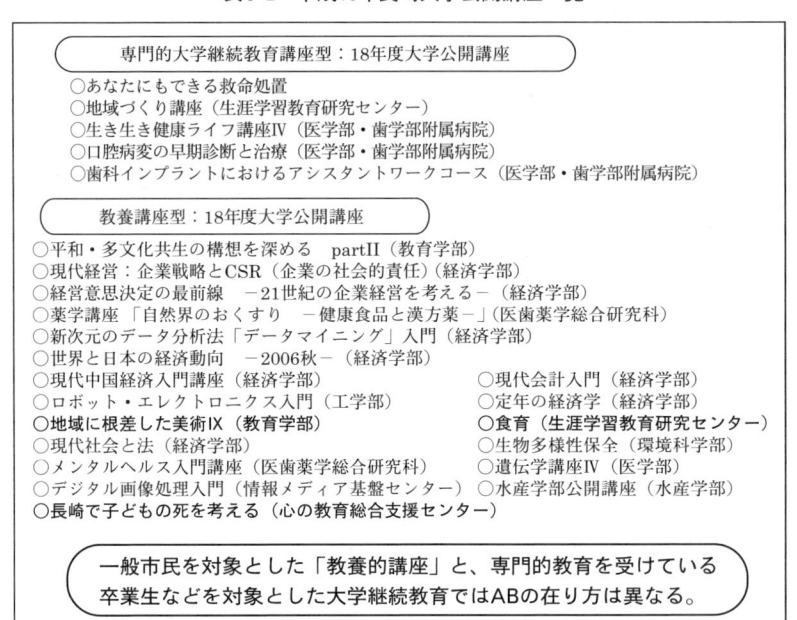

```
┌─────────────────────────────────────────────────┐
│          専門的大学継続教育講座型：18年度大学公開講座          │
│  ○あなたにもできる救命処置                                  │
│  ○地域づくり講座（生涯学習教育研究センター）                    │
│  ○生き生き健康ライフ講座Ⅳ（医学部・歯学部附属病院）              │
│  ○口腔病変の早期診断と治療（医学部・歯学部附属病院）             │
│  ○歯科インプラントにおけるアシスタントワークコース（医学部・歯学部附属病院） │
│                                                 │
│              教養講座型：18年度大学公開講座                │
│  ○平和・多文化共生の構想を深める partⅡ（教育学部）              │
│  ○現代経営：企業戦略とCSR（企業の社会的責任）（経済学部）        │
│  ○経営意思決定の最前線 －21世紀の企業経営を考える－（経済学部）    │
│  ○薬学講座「自然界のおくすり －健康食品と漢方薬－」（医歯薬学総合研究科）│
│  ○新次元のデータ分析法「データマイニング」入門（経済学部）         │
│  ○世界と日本の経済動向 －2006秋－（経済学部）                  │
│  ○現代中国経済入門講座（経済学部）     ○現代会計入門（経済学部） │
│  ○ロボット・エレクトロニクス入門（工学部） ○定年の経済学（経済学部）│
│  ○地域に根差した美術Ⅸ（教育学部）     ○食育（生涯学習教育研究センター）│
│  ○現代社会と法（経済学部）           ○生物多様性保全（環境科学部）│
│  ○メンタルヘルス入門講座（医歯薬学総合研究科）○遺伝学講座Ⅳ（医学部）│
│  ○デジタル画像処理入門（情報メディア基盤センター）○水産学部公開講座（水産学部）│
│  ○長崎で子どもの死を考える（心の教育総合支援センター）           │
│                                                 │
│       一般市民を対象とした「教養的講座」と、専門的教育を受けている  │
│       卒業生などを対象とした大学継続教育ではABの在り方は異なる。    │
└─────────────────────────────────────────────────┘
```

　さらに受講生の方々が専門家中心であることからとりあえず継続教育的であると分類した公開講座は、医療従事者などを対象とする長崎大学医学部・歯学部付属病院の「あなたにもできる救命処置」、社会教育・生涯学習を担当している行政職員ならびに公民館長などを対象にした生涯学習教育研究センターの「地域づくり講座」、医師・看護師・栄養士・保健師を対象にする医学部・歯学部附属病院の「生き生き健康ライフ講座Ⅳ」、歯科医師・医師を対象とした「口腔病変の早期診断と治療」、歯科衛生士・歯科助手を対象とした「歯科インプラントにおけるアシスタントワークコース」などの講座がある。現在行

われている大学公開講座を大雑把に見れば、このように教養的講座と専門的大学継続教育講座とに分けることができる。しかし教養的講座であるか専門的大学継続教育講座であるかを明確に意識されていない講師の中には講義で伝えようとする概念の構造化と用例や事例の取り上げ方に失敗していると思われる講座がたまに見られる。

　糸山氏が発案した連想法を用いた講座評価法では、受講生が講師から獲得した概念というものを「C′」とするならば、講座の概念式は図3-6の通りになる[12]。同図で、「C」は講師が伝えようとする概念がどの程度構造化されているかという要素、「M」は講師が伝えようとする概念の具体的用例や事例が適切であるかどうかという要素、「I」は講師および補助者の学習指導の要素、さらに「E」は講師の人柄や、一緒に学習している受講生のレベルや雰囲気といった学習環境の要素を表している。そしてこのC、M、I、Eの組み合わせによって、授業というものが定義づけられている。これ以外に、受講生が思ったことを自由に書いている場合、「その他（O）」という項目に当てはめて分類するが、「その他（O）」が多く出される講座は、受講生が非常によく考えている講座だと言える。反対に、その他がほとんど出てこない講座は、受講生の思考が死んでいる講座であると言うことができる。

　さて講義というものをこのように概念化した後で、情意面での項目について受講生に自由に記述していただくことになるが、「面白かったこと」という刺激

$$C' = f(C、M、I、E)$$

C′ ：学習者が獲得する概念
C　：講師が伝えようとする内容の知識や概念
M　：講師が伝えようとする概念に対する具体的事例
　　　や用例に関すること
I　：講師および補助者の学習指導に関すること
E　：学習環境、講師の人柄、他の受講生のこと

図3-6　講座の概念図

語は、具体的な用例や事例で上がってくることが多く、題材をうまく工夫して取り上げたり、今話題になっているテーマを取り上げる努力をされているの講座の場合に数多く現れてくる。また「難しかったこと」は、概念や知識に関連する項目で比較的多く出てくる。しかし中には面白かったこととして、知識や概念が出てくる場合がある。これは講師が事前に伝えようとする概念をよく吟味し、しっかりと構造化している場合によく出てくる。

(3) 「学習」とはどういったプロセスを言うのか

授業を「知識や技能の伝達」と考える授業では、学生の予備知識や経験と照合しつつ、授業中に伝えられた知識や技能を学生に推敲あるいは反芻させることを教師はあまりしない。学生の予備知識や経験を尊重しつつ授業を進める教師はほとんどいないのではなかろうか。そして「伝達された知識や技能」の暗記力をペーパーテストで計ることにより評価する場合が多い。しかし、知識の習得は、概念の習得をともなわない限り、学習者が獲得した知識を自由に駆使することは難しいのではなかろうか。糸山研究室で学び、長崎市内の中学校教師をしているK氏は、「のこぎりで板を切る」という授業で、「板をひたすら切らせる作業だけの授業よりも、"板が切れるとはどういうことか"という意味を教えることを重視した授業の方が、実際に板を切らせる作業を重視した授業よりも生徒が早くしかも上手に切れた」と述べている。そこで「学習とは概念の獲得をめざすことである」と定義することにしたい。そして学習のプロセスでは講師と学習者との概念のやり取りの仕方がどこまで成功したかどうかが重要になってくる[13]。

さて社会人を対象とする大学公開講座では、受講生が講師から概念を学び取ろうとする場合、こうした学習プロセスの中では重要な検討課題が2つ出てくる。第一は、講師が考えている概念がそのまま機械的に学習者に伝達することはあまりなく、講師が伝えたいと考えている概念を、学習者が自分のこれまで獲得してきた経験や知識に照らして一度自分なりに翻訳してから自分自身の概

念として再生・獲得し直すプロセスを踏んでいるのではないかということである。そして第二には、学習プロセスを円滑に進めるためには講師の専門的概念の論理と学習者の生活の論理とを"つなぐ"「教養」が重要な役割を果たしているのではないかと思われることである。社会人対象の講義に慣れている講師の多くは、講義中の引き合いに出す話題を非常にうまく選んでいて、またその話題の出し方が絶妙なケースが多い。そして講師の専門的論理から導き出される概念と学習者の生活経験から得た知識とを講義の中でうまくつなぐことができている場合が多い。まさに講師の教養力が講座成功の鍵となっているのである。

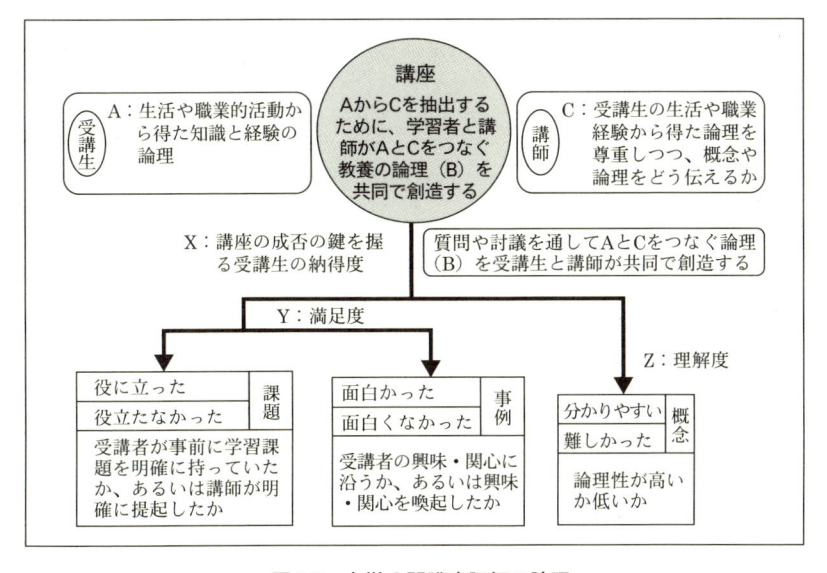

図3-7　大学公開講座評価の論理

　まず、「講師が考えている概念がそのまま機械的に学習者に伝達することはあまりない」ということを示す格好の講義として、平成15年度に長崎大学環境科学部で実施されたある物理学の公開講座をあげることができよう。同講座は、「講師が伝えようとする概念を、学習者自身が自分の中でそれぞれに再生しつつ、獲得していった」成功例ではなかろうか。同講座は光や音が持つ特性

を、「身近な具体的現象」を取り上げながら、実験を交えて説明している。受講生は「実験に楽しく参加でき」「分かるということは面白いことだ」という感想を数多く残している。「この研究に没頭する先生の気持ち」「好きなことを日々やっている人の姿はよいものだと思った」「先生方の新鮮な笑顔」といった研究に取り組む講師の人柄「E：学習環境」が「何と云っても物理だから理解できるとは思えない」という物理に対するハードな印象を和らげ、また「楽しく、分かりやすく説明、工夫されているのに感心した」と受講生に思わせるうまい「I：指導方法」や、「O：物理がうーんと身近になった」と思わせる事例の取り上げ方などが「O：自信がなかったし、大嫌いだった物理が、意外と身近なことと結びついていることが分かった」とか「O：分かるということは面白い」と考える受講生を多数育てている。特に受講生が自分の考えや感想などを示す「O：その他」の反応語が多く出ていることは、講師が提示した光や音が持つ特性に対して、学習者が学習経験や生活経験から形成されるそれぞれの価値観に基づきつつ、自分自身が理解した概念として考え出し、活発に獲得していることをうかがうことができる。

　大学公開講座の場合、「易しい」という反応が出ればよい講座かと言うと必ずしもそうではなく、「知っていることばかりでつまらなかった」という場合がある。また他方で「面白くなくて難しい」となってしまうと、これは講座がちんぷんかんぷんだったということを示している。同物理の講座は、「指導法が非常に易しくて面白い」という受講者の反応が出ており、受講生の反応も非常によく、用例と事例も面白く、しかも難しくもなく易しくもなくちょうどよい状態であると出ている。受講者の満足度が高く、大学の講座として非常に理想的な講座と言えるであろう。

　以上の点から、それぞれの学習者なりに考え、理解した概念として講師の提示する概念をうまく獲得させるためには、あるいはそういった学習プロセスを講義の中でうまく行わせるためには「受講生に伝えるべき内容、概念の構造化がしっかり設計されているか」ということと「概念を伝えるための事例や用例

は適切か否か」が重要になってくるといってもよいであろう。

　表3-3、表3-4は同物理学の公開講座受講生11人に対して、内面的な、心理的なものを交えながら受講生に具体的に記述していただき、それを集計したものである。まず表3-3は、「この講座の面白かったことは何か？」「面白くなかったことは何か？」ということについて自由に記述していただき、その内容を「C：知識・概念」、「M：具体的事例」、「I：学習指導」、「E：学習環境」、「O：その他」に分類し、回答数をそれぞれの分類項目毎に「面白かったこと」から「面白くなかったこと」を差し引き1つの表にまとめたものである。同講座については、すべての分類項目について「面白かったこと」が多数を占め、特に「M：講師が伝えようとする概念に対する具体的事例・用例に関すること」と「I：講師および補助者の学習指導に関すること」について顕著な傾向が受講生の回答から見られる。「面白くて分かりやすい事例に上手な指導法」の典型例ではなかろうか。

　次に表3-4は、「この講座の難しかったことは何か？」「この講座の易しかったことは何か？」という項目について、同じように自由に記述していただき、その内容を「C」、「M」、「I」、「E」、「O」ごとに分類し、回答数をそれぞれの分類項目毎に「難しかったこと」から「易しかったこと」を差し引き、1つの表にまとめたものである。同講座については「難しかったこと」は「C：知識・概念」については若干見られたが、それでも割合的には少なかった。

表3-3　回答項目数（面白い－面白くない）相対比較表

	A：面白い	B：面白くない	A－B	X 軸
C	5	1	4	36.4
E	4	1	3	27.3
I	10	2	8	72.7
M	9	2	7	63.6
O	7	6	1	9.1
C：知識・概念、M：具体的事例			(A－B)×100
I：学習指導、E：学習環境、O：その他			回答者数（11）

表3-4 回答項目数（難しい－易しい）相対比較表

	A：難しい	B：易しい	A－B	Y 軸
C	4	2	2	18.2
E	0	0	0	0.0
I	1	3	−2	−18.2
M	1	1	0	0.0
O	3	1	2	18.2
C：知識・概念、M：具体的事例			(D－E)×100	
I：学習指導、E：学習環境、O：その他			回答者数（11）	

　図3-8はX軸に（面白い－面白くない）を、そしてY軸に（難しい－易しい）の割合を取り、それらの相関関係を一つにまとめたものである。

　図3-8からは、同講座が「C：伝えようとする内容の知識や概念に関すること」については、「難しいけれども、面白い」こと、そして「M：伝えようとする内容に対する具体的事例・用例に関すること」については「難しくも易しく

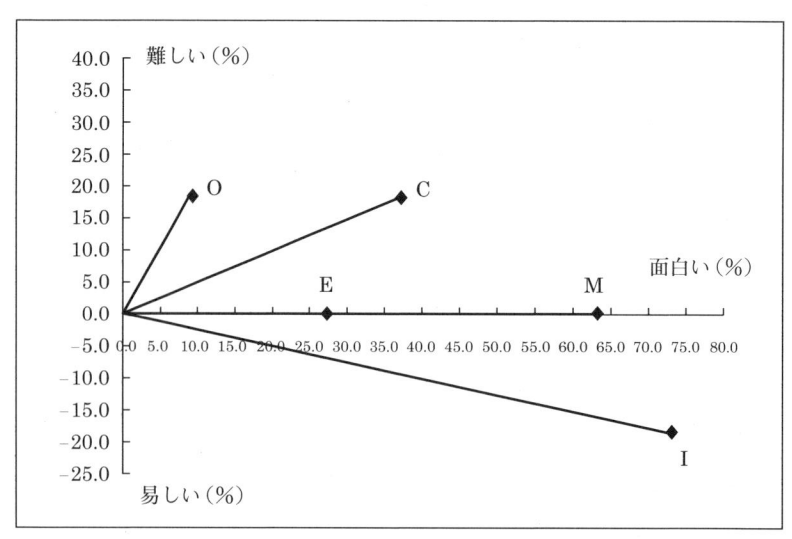

図3-8 受講生の情意面についての調査結果
　回答項目率（面白い－面白くない）／（難しい－易しい）相対比較表

もなく、受講生にとっては調度よい程度のレベルであり、しかも非常に面白いものであった」ことが、さらには「I：講師および補助者の学習指導に関すること」については「とても易しく、非常に面白い」ものであったことが、受講生の意識から明らかにされている。このように、連想法による受講生の情意面の評価は、学問レベルや興味関心について多様な一般市民を対象に、これだけの満足度を獲得する講師の力は、「具体的事例・用例」の取り上げ方の適切さと「講師および補助者の学習指導力の高さ」があっての結果であることを明確に示すことができる。

　次に講師の専門的概念の論理と学習者の生活の論理とを「つなぐ」「教養」の重要性についてであるが、学習者が講師の提示する概念の近似値として自分自身の概念を再生する際に"鍵"となるものが「学習者の学習経験や生活経験」であると思われる。これらは、いわば生活の論理によって培われてきたものであり、講師の学問的カルチャーとは異なる論理で成り立っている。平たく言えば、コンピューターを買ったときに同梱されている「ユーザーズマニュアル」と、本屋に売っている「超ビギナー（初心者）でも一発で分かる簡単エクセル」との違いだと思えばよいのではなかろうか。

　したがって、講師は学習者の生活の論理と「橋渡し」ができる「自分の専門にかかわる教養」を幅広く培っておく必要がある。社会人を対象とする大学公開講座では、受講生の社会的・専門的経験から来る関心と講師の学問的関心との間でミスマッチの生じることが多い。したがって、講座内容が受講生の興味関心やニーズとミスマッチを起こさない講座コンテンツの開発が社会人を対象とする大学公開講座では重要になってくる。その際、講師の学問的概念と学習者の生活概念をつなぐ教養は、講座コンテンツ開発の核心部分となる。

　専門に関する講師の「教養力（話題の適切性・豊富さ・具体性）」によって、講師の専門的概念が学習者の生活概念の中にうまくソフトランディングした成功例として、平成15年度に長崎大学で実施されたコンピューター関係の公開講座をあげることができよう。同講座は「数式」「関数の意味」「グラフや相関だ

けでなく、偏相関という専門的な数字を吟味しなくてはならない」という受講生の指摘に象徴されるように、コンピューター特有の概念の難しさを、「M：講座の内容はもちろん、それ以外にも有用な情報が得られた」「M：自分の身の回りのことで統計を利用してみると面白いのではないかと思いました」「個々の具体例が面白かった」などのように、具体的で面白い事例により乗り越えつつ、結果として「C：エクセルの関数の使い方でSUM以外の関数も使えるようになった」とか「C：分析ツールが使えるようになり……統計手法をエクセルとして活用することが学べた」のように、コンピューターに関する専門的概念を使いこなすことができるようにしている。また「I：1日で全項目について消化できるか心配していたが簡潔明瞭によく説明され、思ったよりスムーズに受講できた」とか「I：3名の先生方が替わりながらそれぞれの担当分野で説明があり意識転換でき最後まで興味深く受講できた」といった講師陣の懇切丁寧な指導のよさが加わって、「O：統計に対するアレルギーが消えた」「O：統計解析の考え方が日常的に使用されていることが分かった」「O：物事を比較したり検証したりする場合、着眼点をどのように絞り込んでいったらいいか分かった」といった受講生が自分の考えや感想などを示す「その他：O」の反応語が多く出すことに成功している。これは受講生が講義の中で、講師の提示する概念や具体的事例に対してよく反応し、活発に思考活動していることを示している。

表 3-5　回答項目数（面白い－面白くない）相対比較表

	A：面白い	B：面白くない	A－B	X 軸
C	6	9	－3	－11.1
E	3	3	0	0.0
I	17	7	10	37.0
M	25	1	24	88.9
O	17	2	15	55.6
C：知識・概念、M：具体的事例			$(A－B) \times 100$	
I：学習指導、E：学習環境、O：その他			回答者数（27）	

表 3-6　回答項目数（難しい−易しい）相対比較表

	A：難しい	B：易しい	A−B	Y 軸
C	28	7	21	77.8
E	0	1	−1	−3.7
I	2	10	−8	−29.6
M	0	6	−6	−22.2
O	1	2	−1	−3.7

C：知識・概念、M：具体的事例
I：学習指導、E：学習環境、O：その他
(A−B)×100
回答者数（27）

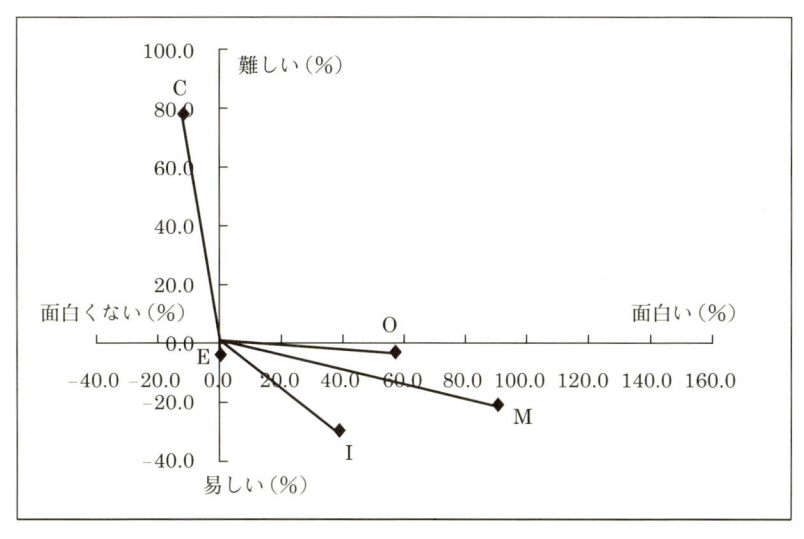

図3-9　受講生の情意面についての調査結果
　　回答項目率（面白い−面白くない）／（難しい−易しい）相対比較表

　同講座の担当教授はエクセルの内容をたくさん教えるのではなく、非常に絞って教えているようである。統計学に関する概念についても、受講生の反応からは、厳選された、非常に絞り込まれたものしか出ていない。そのかわり、非常に話題の豊富な、わかりやすい材料が使われたことが出ている。受講生も、「分かりやすい」「易しい」といった簡潔明瞭な反応で答えている。指導法

としては「とにかく誠実で丁寧」という項目がたくさん出ており、前述の物理の講座とはまた少し違う、理想的な講座の傾向を示すグラフが出ている。

注
1) 平成15年7月28日に国立精神・神経センター精神保健研究所社会復帰部が発表した「ひきこもり」対応ガイドライン（最終版）によれば、ひきこもり本人の性別としては、男性が2517人（76.4%）、女性が755（22.9%）となっていて、年齢的には10代、20代が一番多い。問題行為としては「昼夜逆転（1352件）」「家族への拒否（705件）」「強迫的な行為（590件）」「家庭内暴力（本人から親）（579件）」などとなっている（表　ひきこもり本人の年齢分布）。
2) 志水速雄訳：ハンナ・アレント『人間の条件』ちくま学芸文庫、1994年、87－88頁。
3) ハンナ・アレント、同上、p.37～52。
4) 斉藤純一『公共性』岩波書店2000年。
5) 社会教育主事制度、社会教育関係団体への補助金制度、社会教育施設の基準化、各種事業への補助金制度、事業委託化など社会教育の国家化施策の例は数多くある。
6) 高橋満「学びの共同性と公共性」、『月間社会教育』、2001年10月、No.552,6～12頁、以下高橋満氏からの引用は上記と同上であるので出典明記を省略する。

表　ひきこもり本人の年齢分布

年齢	(n=3293)	(%)
0 -12	16	(0.5)
13-15	135	(4.1)
16-18	321	(9.7)
19-24	955	(29.0)
25-29	760	(23.1)
30-34	597	(18.1)
35-	466	(14.2)
欠損値	43	(1.3)
	平均年齢	(SD)

7) 以下の情報はすべて、チラシ「今日はお店屋さんが先生です」より抜粋。
8) 日本社会教育学会編『社会教育関連法制の現代的検討』、日本の社会教育第47集、2003年9月、45頁。
9) この議論は、平成16年の秋、大学における生涯学習関連の全国担当者会議の場で、実際にあった議論である。
10) 平成16年度長崎大学生涯学習公開シンポジウム「講座や授業の評価を考える」、糸山景大『情意面の評価法としての連想調査法』、長崎大学『長崎大学生涯学習叢書3：大学公開講座と評価』、平成16年3月、29～32頁。
11) 長崎大学生涯学習教育研究センター季報、2004年夏季号、3頁。
12) 糸山景大「情意面の評価法としての連想調査法」、長崎大学『長崎大学生涯学習叢書3：大学公開講座と評価』、平成16年3月、30頁。
13) 糸山景大他「授業設計理論と授業評価法としての連想調査」、長崎大学教育学部、技術教育教室、家政教育教室、教育学教室、2003年4月。

おわりに

新たな公共空間の主体形成の場としての公民館の新しい役割

　戦後の社会教育は「教養教育」および農業を中心とした「生産教育」（宮原誠一）などを含んで出発した。しかし社会の第二次産業化（工業社会化）にともなう国の施策によって社会教育は「余暇善用のための生きがい学習」に変質させられてしまい、必ずしも生産につながらない社会人対象の趣味的学習という性格を強められてきた。他方学校教育は、青少年を対象に、第二次産業社会（工業社会）の求める「効率的競争力のある人材育成（偏差値受験エリートの育成）」に照準を当てるようになり、こうした社会教育と学校教育の連携によって、第二次産業社会は大部分の国民大衆を国家の公共空間の主体から排除し、効率的な国家システムを整備していくことに成功したのである。

　しかし、効率性を求める国家システムは、国家そのものを巨大化してしまい、今日では、財政危機に象徴されるように、国家が自らの抱える公共空間のすべてを維持・管理することは困難になってきている。国家はこの危機を乗り切るために、国家の社会的規範力が届かなくなっている「新たな公共部分（＝国家的公共空間の主体から排除され、そうした意味で公共的意識を政治的に低められるよう育成された国民大衆や、こうした国民大衆の生活の大部分）」を切り捨てることを余儀なくされている。

　第二次産業社会に成熟を見せた「効率性の社会的規範価値」がその社会的力を失いつつある今日、「新たな公共部分」において公的教育・学習機関が提供する教育・学習の公共性が改めて問われるようになってきている。第一に、地域サービスとしての生きがい学習に変質させられてしまった今日の社会教育

は、住民自治を創造する生涯学習（本来の社会教育）へ転換することが求められるようになっている。そのためには、生きがい学習に個人の学習を閉じ込めてしまった、「政策的教養学習」から「生産」と「学習」が結び付くことによって公共性が実現する「本来の教養的学習」への転換が求められている。こうした「学習」は「住民自身が自らを組織できるようになり、住民自治を実現する学習」や「地域課題や現代的課題に個人として対応できるようになる学習」であることが不可欠の条件である。

本書では、こうした「学習」の事例として、「社会関係」という「物や形として現れない価値」を生産する「"地域づくり・まちづくり"と住民の学習」を取り上げた。"地域づくり・まちづくり"という手法は経済効率主義に基づく"再開発"の手法と対置し、「生活者の論理」で活性化を図ることが重要になっている。そのためには「地域社会全体の諸機能をバランスよく連携し、強化する」という、生活行政を総合的に全体的に維持・管理することが求められ、環境、福祉、教育等の生活問題の解決と地域経済の活性化を結び付けて活性化事業を推進しようとする。そしてなによりも重要な点は公共的問題に関する住民意識の向上が極めて重要になってくることである。ここに社会教育が「生きがい学習」から公民館創設期の本来の姿である「地域づくりのための学習」へ転換する（＝本来の社会教育の姿に戻る）ことが求められる理由がある。

国家に直接結び付くこれまでの「公」概念が希薄化しつつある新たな「公共」空間として、本書では以下の二つがあげられている。

> ① 規格あるいは基準行政では対応がますます困難になっている領域。例えば多様で個性的な地域的ニーズあるいは個々人の生活ニーズに対応した行政サービスの領域など。
> ② 民間活力の導入による採算性や経済効率性では対応が困難になっている領域。例えば環境・福祉・教育など高い収益性があまり期待できない、しかし生活には欠かせない領域。

対応する法整備が難しく、行政サービスが届きにくい、しかし放置できない「公共領域」については、住民自治の有力な拠点として「公民館」を位置づけることにより、住民自治を創造できる可能性が開かれる。また教育行政以外の一般行政部門と「社会教育」との連携を図り、他省庁の取組みと関連しながら諸々の生涯学習的施策を展開することは、地域づくりのために重要になりつつある。

こうした住民自治のシステムは、民間活力の導入による採算性や経済効率性では対応が困難になっている二つ目の「公共領域」、例えば、環境・福祉・教育など高い利益があまり期待できない、しかし生活には欠かせない領域でも、問題の解決のために有効だと思われる。住民自治が行政的権限を掌握し、「公共空間」としてふさわしいものに再編していく際に鍵になるのが、住民自治を「欧米合理主義社会に見られる近代化あるいは市民社会」をモデルに考えるのか、あるいは「自治会・町内会といった昔からの地域共同体的要素」を踏まえて考えるのかどちらを選択するかという点である。欧米の市民社会モデルを選択する場合は、欧米合理主義社会の規範モデルに見られる個人の存在が前提となる（「第2章：新たな公共性の創造と生涯学習」を参照）しかしこういう個人と社会規範を前提とすることは、理想としては結構であるが、我が国においては非現実的であるということは本書の分析にある通りである。

したがって後者の自治会・町内会といった昔からの地域共同体的要素を踏まえて住民自治のあり方を考えることが日本の地域づくりでは求められるようになる。この場合、「行政と癒着してきた共同体的要素の中の特権的部分（地域社会の有力な行政関係団体や機関などの行政との特権的癒着の構造）」の民主化を地域住民の力で実現できるかどうかが不可欠となる。そして共同体的要素の中の特権的部分が解体しても残る部分（これが第1章にもある「生活の論理」で説明される部分）を住民自治の論理でどう再編し直すかという時、これを「住民自治の形成を担う主体の形成」という観点から見るならば「公共性の実現のための"学び"」の組織化が不可欠であり、これを本書では「生活の論理と

公共性の論理を結合させる学習」と規定した。その際に、「これまでの公＝国家」と「新しい公共＝私・住民生活」を区別する「主体の形成を前提とした公と私の関係」の創造できる学習をどう編成するかが公民館に求められる。こうした中で「新しい公共領域」における住民自治を土台にした「公共性の実現のための"学び"」がキーワードとなってくる。

　「新しい公共領域」における「住民自治の担い手を育成する」ための学習や講座は、国家の基準や監督下によるのではなく、住民自治に基づいて行われるべきである。その理由は、「個人の利益のうちで個別的には享受できない公共財を提供する」という意味で「新しい公共領域における地方自治体を含めた住民自治」の事業が「公共性」を帯びることを評価できるのは、国家ではなく住民自治の側だからである。

　社会教育あるいは生涯学習の講座内容については、企画の段階でテーマと講師を決定するのみで、実際にどのような講座内容とするかは担当講師にまかせきりにされているのが現状のように思われる。言い換えるならば、企画段階で講座内容に事細かく介入することや、講座が終了した後に講座内容がどうであったかを細かく評価・分析することは、さまざまな事情により現実には難しい状況にあると言わざるを得ない。企画側が依頼した講師の講座内容が「受講生のニーズとミスマッチを犯していない」と信じ、その根拠も基準も明確でないまま、講座内容についての運営が漫然と行われているのが実体であると言わざるを得ない。またかろうじて講座内容についての評価を実施している社会教育や生涯学習の講座でも、「良かったか」あるいは「悪かったか」という講座全体の受講生の印象を評価するのみに止まるのがほとんどである。「どのような点が良かったのか」あるいは「どのような点が悪かったのか」まで踏み込んで受講生に評価していただき、今後の講座内容の改善につながるところまで実施しているところはあまり見ない。

　講座内容について誰が行っても一定の評価結果が示される評価方法（すなわち再現性のある科学的な評価）はこれまであまり考えられてこなかったのでは

なかろうか。その原因は「講座」といったものがどのような要素で構成されているか、といった「講座」モデルを科学的に明らかにしてこなかったところにあり、「講座」を構成する一つひとつの要素をきちんと評価する方法が研究されてこなかったからに他ならない。

　本書で取り上げた「連想法に基づく講座評価」は、授業あるいは講座というものがどういうものであるか、というコンセプトを明確にし、こうした定義に基づいて講座内容の改善に直接つながる講座評価を試みるものである。

　本書では主体形成につながる学習として以下の評価目標を明確にしている。

> ①　"政策的教養学習"から"生産"と"学習"が結び付くことによって公共性が実現する"本来の教養的学習"
> ②　住民自身が自らを組織できるようになり、住民自治を実現する学習や地域課題や現代的課題に個人として対応できるようになる学習

　連想法による講座評価は、受講生の意識から上記の目標が達成されたかどうか科学的に明らかにすることができる。今後数多くの講座について評価を行い、データを積み重ねることにより、講座のモデルが確立してくると思われることから、近い将来『生涯学習の講座デザインと評価』としてまとめる予定である。

2006年7月

　　　　　　　　　　　　　　　　　　　　　　　　　　　　著　者

生涯学習と評価
－住民自治の主体形成をめざして－

索　引

☆あ行

新しい公共領域　61, 63, 5
新たな公共空間　57, 64, 76
新たな公共性　58, 63, 64, 75
石井山竜平　87
伊藤恭彦　59
糸山景大　89, 91
ウェーバー　65
エトレー・ジェルピ　22
欧米型合理主義　46, 51, 52, 62
小川利夫　14

☆か行

学習　72, 87, 93
学習内容　12, 16
学習評価　88
学力　9, 73
学校　9, 10
学校開放　17
学校教育　11, 18, 30, 48, 51
家庭教育　30, 33
管理主義　9, 11
教育改革国民会議　16
教育基本法　13
教養教育　10, 12, 16, 35
経済効率主義　9, 11, 61, 62, 83
経済効率性　24, 25, 27, 38, 39, 61
憲法・教育基本法　16
個　17, 46
公教育　11, 16, 17
公教育政策　16
公教育制度　9, 16
公共空間
公共空間　56

公共空間　73, 74
公共サービス　63
公共財　76, 87
公共性　9-11, 35, 46, 59, 72, 74, 75
講座評価　87, 88
公民館　9, 10, 17, 19, 34, 35
個性　11, 51
個性化　9, 11, 29, 42
個性的能力　41
国家　9, 17, 18, 20, 27-29, 35, 46, 52, 57, 64, 74
小林文人　22, 35

☆さ行

サービス業　26, 27
斉藤純一　64, 74
坂元忠芳　13
三多摩テーゼ　22, 35
GHQ　49
自然観　53, 55
市民的公共性　64
下伊那テーゼ　21
社会観　53, 55
社会関係　39
社会教育　10-14, 16, 17, 18, 20, 27, 35, 57, 58, 61
社会教育審議会答申　20
社会教育の歴史的理解　32
社会教育法　13, 18, 19
社会教育法改正　17, 34
社会教育法制　13, 16
社会的規範意識　47, 63
社会的規範価値　46, 47, 48, 51-56, 61, 63, 73

社会的力　35
住民自治　16, 17, 32, 35, 59, 58, 60, 61, 74, 75
住民生活　37
住民の学習　35
主体形成　56, 60, 62, 72-74, 86, 87
生涯学習　12-14, 20, 30, 35, 46, 59, 74, 78
生涯学習審議会答申　10, 31
生涯学習振興法　22, 60
生涯学習政策　9, 14, 16, 17, 60, 62
商店街　83, 85, 86
自立性　41, 42
鈴木敏正　35
生活行政　17
生活主体者　17
生活の論理　64, 78
生活領域
青年期教育　9
専門的職業技術訓練　10
専門的大学継続講座　91

☆た行
大学　11
大学開放事業　12
大学経営　12
大学公開講座　12, 90, 93, 95, 98
大学自治　32
大学生涯学習　11, 12
大学の社会的基盤　12
大企業型第二次産業　9-12
第三次産業社会　9, 11, 25, 26, 27, 32, 36, 37, 39, 41, 42, 73
第二次産業社会　9, 24-27, 29, 37, 41, 50, 55, 72, 73, 78
高橋満　74-76
多様化　10, 29
地域課題　17, 76
地域活性化　76
地域自治　17, 60
地域社会　9, 10, 35, 39, 55
地域住民　17, 20, 34-39, 41, 86
地域づくり　17, 20, 34-39, 41
地縁的共同性　50, 55
地方行政　57
地方自治体　29, 74, 75
地方分権　20, 57
中央教育審議会　15, 20, 22
中心市街地　78, 79
中等教育　9, 19
寺中作雄　18, 21, 27, 34, 40

☆な行
長澤成次　24
新田照夫　14
日本型企業経営　11
日本的雇用慣行　55
日本的社会規範　10, 11, 50, 51
農村型共同体　9-11

☆は行
ハーバーマス　64
publicな個の世界　46, 47, 51
ハンナ・アレント　73
一つの大きな社会的力　41, 42
枚方テーゼ　21
praivateな個の世界　46
ポールラングラン　21

ボランティア　31

☆ま行
町井輝久　14
まちづくり　76, 78, 84
松下圭一　14
学びと公共性　76
宮原誠一　13, 18, 24, 32
宮本憲一　62

民間活力　20

☆や行
吉田千秋　62

☆ら行
臨時教育審議会　60
労働力政策　11

■著者略歴

新田　照夫　（にった　てるお）

1950年　香川県生まれ
1976年　香川大学卒業
1984年　名古屋大学大学院教育学研究科博士課程（後期）単位等取得
1999年　博士号取得（教育学博士：名古屋大学）

名古屋大学助手（1984～1989年）を経て、現在長崎大学生涯学習教育研究センター助教授

主な著書

『地域に開かれた学園都市とは何か』
　（同時代社、1988年、編著）
『六三制と大学改革－大衆的大学の日米比較－』
　（大学教育出版、1994年、単著）
『大衆的大学と地域経済－日米比較研究－』
　（大学教育出版、1998年、単著）など

生涯学習と評価──住民自治の主体形成をめざして──

2006年9月1日　初版第1刷発行
2008年4月21日　初版第2刷発行

■著　　者────新田照夫
■発 行 者────佐藤　守
■発 行 所────株式会社 大学教育出版
　　　　　　　　〒700-0953　岡山市西市 855-4
　　　　　　　　電話 (086) 244-1268　FAX (086) 246-0294
■印刷製本────サンコー印刷㈱
■装　　丁────原　美穂

Ⓒ Teruo Nitta 2006, Printed in Japan
検印省略　落丁・乱丁本はお取り替えいたします。
無断で本書の一部または全部を複写・複製することは禁じられています。
ISBN978-4-88730-658-5